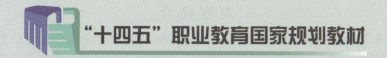

汽车钣金与涂装

主　编　王东鹏　石光成　李利佳
副主编　朱守江　王永超　曹琴琴
参　编　刘晓莉　冯　永　杨　舜　张知华
主　审　张小鹏

北京理工大学出版社
BEIJING INSTITUTE OF TECHNOLOGY PRESS

内 容 简 介

为适应市场对汽车修补涂装技术人才的紧迫需求，同时考虑到企业工作岗位的要求，本书通过熟悉生产中的安全、车身微损伤修复、车身损伤整形修复、车身非金属件损伤修复、车身损伤部件更换、车身涂装六个项目对汽车涂装基本知识、涂装设备和涂装工艺进行讲解。

本书以培养学生的职业道德能力为基础，以培养学生的工作能力为目标。全书内容丰富，讲解通俗易懂，密切联系工作实际，具有很强的实用性，既可作为中职学生的教学用书，也可供汽车维修漆工、汽车钣金维修工参考使用。

版权专有　侵权必究

图书在版编目（CIP）数据

汽车钣金与涂装 / 王东鹏，石光成，李利佳主编. -- 北京：北京理工大学出版社，2023.8 重印

ISBN 978-7-5763-0597-5

Ⅰ. ①汽… Ⅱ. ①王… ②石… ③李… Ⅲ. ①汽车 – 钣金工②汽车 – 喷漆 Ⅳ. ①U472.4

中国版本图书馆 CIP 数据核字（2021）第 220397 号

出版发行 /	北京理工大学出版社有限责任公司
社　　址 /	北京市海淀区中关村南大街 5 号
邮　　编 /	100081
电　　话 /	（010）68914775（总编室）
	（010）82562903（教材售后服务热线）
	（010）68944723（其他图书服务热线）
网　　址 /	http://www.bitpress.com.cn
经　　销 /	全国各地新华书店
印　　刷 /	定州市新华印刷有限公司
开　　本 /	889 毫米 × 1194 毫米　1/16
印　　张 /	8
字　　数 /	160 千字
版　　次 /	2023 年 8 月第 1 版第 2 次印刷
定　　价 /	32.00 元

责任编辑 / 陆世立
文案编辑 / 陆世立
责任校对 / 周瑞红
责任印制 / 边心超

图书出现印装质量问题，请拨打售后服务热线，本社负责调换

前言

党的二十大报告提出:"推进新型工业化,加快建设制造强国、质量强国、航天强国、交通强国、网络强国、数字中国。"随着我国汽车工业的高速发展,汽车维修行业需要大批专业技能技术人才。为全面贯彻党的二十大精神,全面加强教材建设和管理,深入实施《国家中长期教育改革和发展规划纲要》,加快发展现代职业教育,贯彻落实《国务院关于加快发展现代职业教育的决定》,全面提高职业教育人才培养质量,编者特别邀请汽车维修技术人员和世界技能大赛专家组组长共同编写了本课程教材《汽车钣金与涂装》,以满足汽车工业飞速发展和汽车专业技能型紧缺人才培养的需要。

本书依据教育部颁布的《中等职业学校汽车车身修复专业教学标准》,并参照相关国家及行业技术岗位标准以及技能鉴定的考核标准编写而成。为更好地落实国家教育改革精神,适应职业院校深化改革的需要,编者充分调研了汽车4S店、大型修理厂,并走访了全国大中职学校,了解具体教学情况,结合当今汽车钣金与涂装技术的发展,精选教学内容编写了本书。

本书从现代汽车发展的角度出发,紧扣汽车发展方向、企业岗位需求,结合当前中职学生特点,采用项目教学任务驱动法,重点提升学生的学习兴趣、分析问题能力和实践能力,同时改变教师教学,建立信息网络资源平台——精品在线课程,使专业教学更轻松、更具实效性。全书主要内容包括安全教育、车身微损伤整形修复、车身损伤整形修复、车身非金属件损伤修复、车身损伤部件更换、车身涂装。

本书坚持新专业标准对"课程教学目标"的定位,在编写时努力贯彻教学改革的有关精神,严格依据新教学标准的要求,编者认真总结多年来职业院校的专业教学经验,积极吸收国外先进的职教理念和方法,努力体现以下特色。

1. 与岗位对接,与实践紧密结合

本书内容力求符合最新的国家及行业相关技术标准及技能鉴定的要求,为学生考证提供帮助,以"汽车钣金与涂装技能为主线、相关知识为支撑"为编写思路,精选内容,严格遵守"管用、够用、适用"的编写方针。

2. 完善教学体系,更好地满足教学需要

结合职业院校汽车类专业设置和办学特点，合理安排教学内容，以培养扎实的专业知识和操作技能为目的，以理论与实践相结合为原则。

3. 创新教材，融入课堂教学理念

以职业岗位的典型工作任务为驱动，以汽车钣金与涂装工具、设备件为载体，充分体现专业特色、专业方向。本书的编写根据学校教学实际，充分体现一体化教学思路，增强表现效果，还增加了新工艺和新技术的应用，增加了免漆修复工艺、铝合金修复工艺等学习任务。另外，为了提高学生的学习兴趣，书中使用了大量实物图片、视频链接，使教学内容更加生动，便于学生理解。

本书建议教学学时为144学时，具体学时分配见下表。

课程内容	理论学时	实践学时	合计
项目一　熟悉生产中的安全	2	2	4
项目二　车身微损伤修复	8	12	20
项目三　车身损伤整形修复	12	18	30
项目四　车身非金属件损伤修复	8	12	20
项目五　车身损伤部件更换	8	12	20
项目六　车身涂装	16	34	50
总计	54	90	144

本书由重庆市江南职业学校王东鹏、重庆市巴南职业教育中心石光成、重庆市江南职业学校李利佳主编；由重庆奔马物资有限公司朱守江，重庆市江南职业学校王永超、曹琴琴任副主编；重庆市江南职业学校刘晓莉、冯永、杨舜、张知华参与编写。全书由庞贝捷漆油贸易（上海）有限公司张小鹏主审（世界技能大赛专家组组长）。

编写本书的过程中，编者参阅了国内有关教材和资料，在此向作者表示衷心感谢。由于编者水平有限，书中难免有不足之处，敬请读者批评指正。

编　者

目录

项目 1　熟悉生产中的安全 ·· 1
　任务　认知安全准则 ·· 1

项目 2　车身微损伤修复 ·· 10
　任务 2.1　划痕修复 ·· 10
　任务 2.2　免漆修复 ·· 13

项目 3　车身损伤整形修复 ·· 16
　任务 3.1　钢制板件的整形修复 ·· 16
　任务 3.2　铝合金板件的修复 ·· 31
　任务 3.3　车身校正 ·· 34

项目 4　车身非金属件损伤修复 ·· 47
　任务 4.1　塑料件损伤修复 ·· 47
　任务 4.2　其他非金属件损伤的修复 ·· 59

项目 5　车身损伤部件更换 ·················· 67
任务 5.1　行李箱盖的整件更换 ·················· 67
任务 5.2　行李箱盖的局部更换 ·················· 80

项目 6　车身涂装 ·················· 85
任务 6.1　底材处理与底漆喷涂 ·················· 85
任务 6.2　原子灰刮涂与处理 ·················· 90
任务 6.3　中涂漆喷涂与处理 ·················· 105
任务 6.4　面漆喷涂与处理 ·················· 113

参考文献 ·················· 121

项目 1

熟悉生产中的安全

> **教学目标**
>
> **学习目标**
> 1. 了解汽车涂装中的职业伤害及如何进行安全防护。
> 2. 了解发生事故的外因及应对措施。
>
> **能力目标**
> 能够正确使用相关工具与设备。
>
> **素养目标**
> 1. 养成良好的职业安全习惯。
> 2. 养成良好的环境保护意识。

中国制造2025

任务　认知安全准则

任务情境

在车身修复与涂装作业中，安全生产和劳动保护是防止发生火灾和伤亡事故、防止职业病、保护企业财产、保障职工身体健康的一项重要措施。作业人员应该学习相关的安全技术规程，了解和掌握车间的一般安全措施和防火知识，以及安全用电常识等，在施工中严格执行劳动保护法规和条例。

此外，汽车在车身修复与涂装作业中总要排出固体废渣、有害气体或污染性液体。这些排出物如果不经处理，将会严重污染环境，同时也会危害作业人员的健康。汽车维修企业需要采取环境保护措施，防止在生产中污染环境，同时也让员工了解正确处置各种废弃物的方法。

任务分析

汽车维修企业的车身修复与涂装车间使用酸、碱和其他易燃涂料处理被涂件时，如果操作不当，很容易发生人身伤亡和设备事故。另外，在车身修复与涂装过程中产生的废弃物、废气、废水等也会污染环境，因此维修车间是工厂的公害防治重点。从事车身修复与涂装工作的技术人员和管理人员要采取有效的方法控制污染，防止事故的发生。

同时，车身修复与涂装作业涂料的毒性主要是由所含的溶剂、颜料和部分基料等有毒物质造成的，这些有毒物质进入人体后会对神经组织产生麻醉作用，造成行为和语言上的障碍。从事涂装工作的人员需要了解涂料的危害，熟悉在涂装作业中如何正确地进行防护，同时也要了解各种防护用品的正确使用方法，从而保护自己在涂装过程中不受伤害。

知识解读

1. 车间安全操作

1）工具与设备的安全使用

车身修复与涂装作业使用的工具和设备有手动、气动和电动3类。使用工具和设备的基本安全要求如下。

（1）手动工具要保持清洁和完好。应经常清洁沾有油污和其他杂物的工具，检查其是否有破损，以免使用时发生故障，伤及人身。

（2）使用锐利或有尖角工具时应当小心操作，以免不慎划伤车身或伤及人身。

（3）专用工具只能用于专门操作，不能移作他用。

（4）不要将旋具、手钻、冲头等锐利工具放在口袋中，以免伤及本人或划伤汽车表面。

（5）使用电动工具之前应检查是否接地，检查导线的绝缘是否良好。操作时，应站在绝缘橡胶地板上（或穿绝缘靴）。

（6）用气动或电动工具从事打磨、修整、喷砂或类似作业时，必须佩戴护目镜。

（7）必须确认电动工具上的电路开关处于断开位置后，才允许接通电源。电动工具使用完毕，应切断电路，并从电源上拔下来。

（8）清理电动工具在工作时所产生的切屑或碎片时，必须让电动工具停止转动，切勿在其转动过程中用手或刷子去清理。

（9）任何操作都不宜过度探身，防止发生滑倒事故。

（10）气动工具必须在规定的压力下工作。用来吹除灰尘的压缩空气的压力应保持在200kPa以下。图1-1为压缩空气的减压装置。

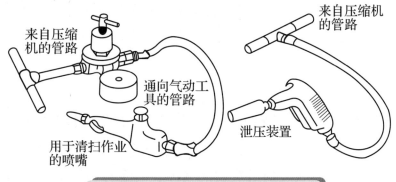

图1-1 压缩空气的减压装置

2）对汽车作业的注意事项

（1）在汽车上作业时，汽车的制动装置必须处于有效的制动位置，防止溜车。

（2）在汽车下面作业时，必须先将汽车支离地面。

（3）刚进厂的车辆，不宜马上进行作业，以免被排气管、散热器、尾管等灼热物烧伤。

（4）在车间内移动汽车时，一定要察看四周。

3）溶剂和其他易燃物品的安全使用事项

（1）不允许在喷涂车间抽烟和点燃明火（如火柴、打火机等）。

（2）在存放易燃性液体的场地，应对火源实施严格监控。

（3）输送桶装溶剂时，要用专用泵通过桶上的孔抽送，不允许侧倒装运。抽送完毕，应将容器盖关紧。

（4）用散装容器运送易燃溶剂时，要特别小心。溶剂桶应接地，以防静电引起火灾。

图1-2为将溶剂从溶剂桶装入手提式安全罐的两种方法。

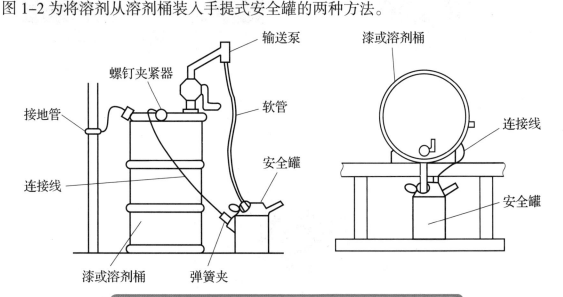

图1-2 将溶剂从溶剂桶装入手提式安全罐的两种方法

（5）用于喷漆的涂料必须存放在金属柜中（切勿用木柜）。

（6）喷漆时按下列程序进行：喷漆之前移开手提灯，打开通风系统，开启喷漆处场地光源，清除可燃残余物，涂料干燥时保持通风。

（7）切勿在蓄电池附近打磨，以防蓄电池放出的氢气爆炸。

2. 人身安全防护

1）人身防护

涂料、填料和稀料中的挥发气体对人体有麻醉作用，操作者长期接触会受到伤害。人身安全保护在喷漆作业中必须给予足够的重视，只有采取了有效的保护措施才允许从事喷漆作业。磨料的粉尘、腐蚀性溶液和溶剂所蒸发的气体、喷漆时的漆雾都会给呼吸系统带来危害。呼吸保护器有供气式面罩、活性炭过滤面罩和防尘口罩3种。

（1）供气式面罩。供气式面罩是一种可以防止氰酸盐漆蒸气和喷雾吸入的装置，其外形如图1-3所示。

（2）活性炭过滤面罩。喷涂磁漆、硝基漆及其他非氰化物涂料时，可佩戴活性炭过滤面罩，如图1-4所示。这种面罩的主体部分由一个适应人的脸型并具有密封作用的橡皮面具构成，它包括可拆卸的前置活性炭滤芯，可以滤去空气中的溶剂或喷雾。呼吸器还有进气阀门和排气阀门，以保证佩戴者呼吸顺畅。

图1-3 供气式面罩

图1-4 活性炭过滤面罩

（3）防尘口罩。图1-5为防尘口罩。此类口罩可以防止喷砂、灰尘被吸入，仅用于喷砂作业时佩戴。喷漆时，不能用它来代替前两种保护器。

图1-5 防尘口罩

2）人体其他部位的保护

（1）头部的保护：女性操作者要将长发扎结在头后。操作者只有佩戴安全帽才能进行喷漆或其他修理作业。

（2）眼睛和脸部的保护：工厂各处均有飞扬的灰尘和碎屑，可能会伤及眼睛，所以应佩戴护目镜和呼吸保护器。

（3）手的保护：为防止溶液、底漆及外层涂料对手的伤害，应佩戴安全手套进行操作。

（4）脚的保护：在从事喷漆作业时，应穿带有金属脚尖衬垫且防滑的安全工作鞋。

（5）身体的保护：按规定穿工作服进行作业。

3）防护用品的种类和功能

防护用品的种类和功能如表1-1所示。

表1-1 防护用品的种类和功能

种类	说明	图示
防静电工作服	为了防止服装上积聚静电，采用防静电织物为面料，按照规定的款式和结构缝制的工作服	
棉布工作服	穿着舒适，对皮肤没有刺激，吸湿排汗，透气性好，还起到防火阻燃作用	
工作鞋	透气、防臭、防砸、防刺穿、绝缘、防滑	

续表

种类	说明	图示
工作帽	防止在喷漆过程中将涂料喷射到头发上，保护头发，起到安全保护作用	
抗溶剂手套	防止在喷漆过程中将涂料喷射到手上，避免手与涂料直接接触，起到安全保护作用	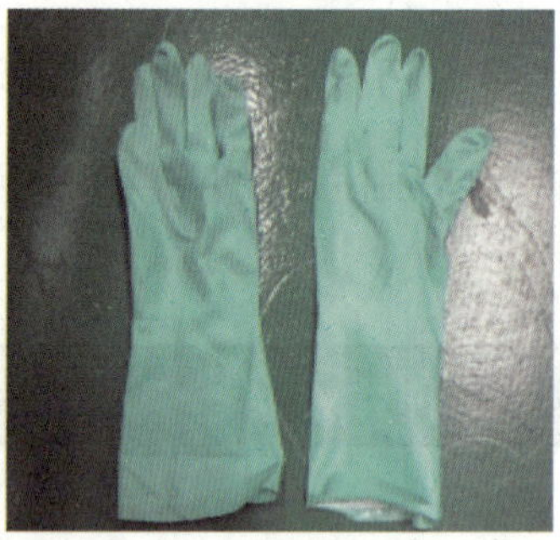
活性炭过滤面罩	可以有效地过滤掉喷涂车间中的甲醛等有毒气体，防止涂料对呼吸道形成刺激，引起慢性呼吸道炎症或疾病	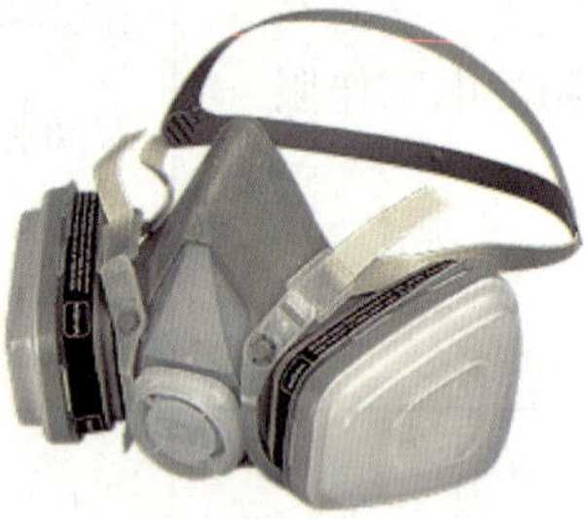
防尘口罩	在刮腻子时佩戴，防止有毒、有味气体吸入肺中，起到安全保护作用	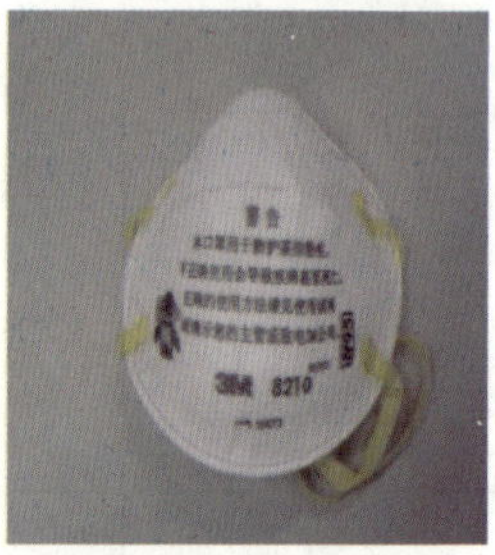
护目镜	在喷漆时佩戴，防止有毒、有味气体刺激眼睛，起到安全保护作用	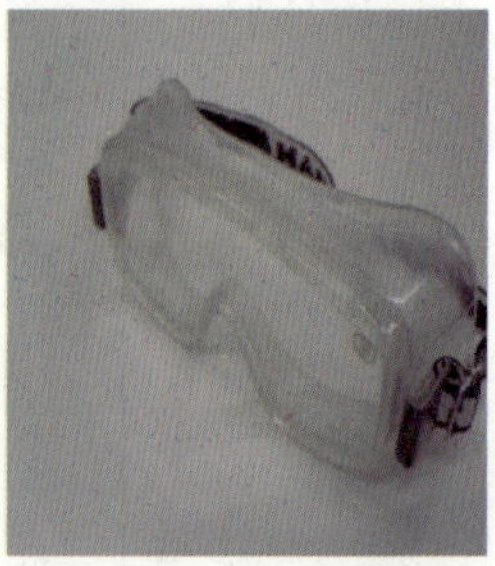

4）各工序佩戴的防护用品

（1）喷涂。喷涂作业时佩戴的防护用品如图1-6所示。

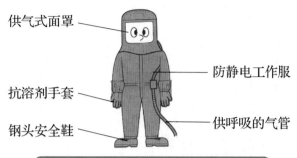

图1-6 喷涂作业时佩戴的防护用品

（2）刮腻子、打磨、抛光。刮腻子（原子灰）、打磨、抛光时佩戴的防护用品如图1-7所示。

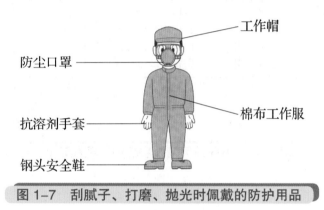

图1-7 刮腻子、打磨、抛光时佩戴的防护用品

（3）调色。调色时佩戴的防护用品如图1-8所示。

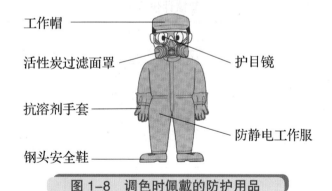

图1-8 调色时佩戴的防护用品

3. 环境保护

1）需要经过环境检测

只有经过环境保护部门检测合格后，企业方可开业运营。

2）需要注意通风

在作业区内从事车身修复与涂装作业，如使用腐蚀剂、脱脂剂喷涂底漆和面漆时，都会排出有毒气体或颗粒，这不仅对人身体有害，还会影响作业效果。这时要保证空气流通性好，要注意通风。空气更换装置如图 1-9 所示。

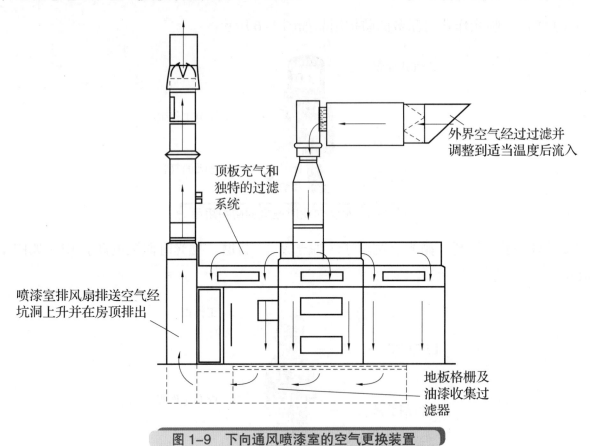

图 1-9　下向通风喷漆室的空气更换装置

考核评价

考核评价表

实训名称			姓名			
			班级			
学时数			学习时间			
考查项目	考查内容	配分	得分			
			自评	互评	师评	
准备工作	资料准备	7				
	计划制订	7				
	材料准备	7				
工作过程	工具使用	10				
	作业程序	12				
	作业质量	15				

续表

考查项目	考查内容	配分	得分		
			自评	互评	师评
工作态度	积极主动	7			
	团结协作	7			
	服从分配	7			
文明安全	遵守纪律	7			
	安全规范	7			
	卫生习惯	7			
合计					

知识拓展

1. 查阅资料，掌握常用灭火设备的使用方法。

2. 查阅资料，分析在工作中如何减少环境污染。

汽车钣金与涂装生产中的安全防护措施

项目 2

车身微损伤修复

教学目标

学习目标

了解漆面划痕，并能对划痕进行对应判断。

能力目标

1. 了解研磨剂、抛光剂。
2. 掌握变速抛光机的使用，以及轻微和浅度划痕的处理。
3. 掌握免漆修复。

素养目标

1. 养成良好的职业安全习惯。
2. 养成勇敢应对工作困难，努力实现自我价值的工作素养。

我是汽修人

任务 2.1　划痕修复

任务情境

划痕修复是针对汽车因为外界环境影响而在漆面上产生浅度划痕、人为剐蹭而造成露出底漆的深度划伤进行的修复。

任务分析

对于浅度划痕，我们可以预防为主，在漆面崭新的时候就对它加以保护。抛光作业可将漆面老化的漆膜研磨掉，使漆面恢复亮丽。抛光作业分为漆面氧化翻新抛光（大多整车做）和漆面划痕修复作业（大多局部进行）。

知识解读

1. 漆面划痕的判断

（1）发丝划痕：洗车、擦车或轻微摩擦而产生的细划痕，一般手摸无感觉。

（2）浅度划痕：面漆被破坏，没有露出底漆的划痕。

（3）中度划痕：面漆被破坏，露出了底漆的划痕。

（4）深度划痕：面漆被破坏，露出了铁板的划痕。

2. 研磨剂、抛光剂

（1）研磨剂：含有细小的颗粒，可以去除深度氧化层和轻微划痕及喷漆时出现的麻点和垂流。

（2）漆面还原抛光剂：比研磨剂的颗粒更细一些，也叫中度抛光剂，能去除漆面轻微划痕。所含油分在漆面抛光时会渗入漆面，补充油漆失去的油分，起到养护增亮的作用。

（3）快速抛光剂：比还原抛光剂的颗粒更细一些，也叫细度抛光剂。快速抛光剂具有去除氧化层和上蜡的双重功效，可弥补机器抛光不均产生的光环等现象，且有增艳效果。

3. 变速抛光机的使用

机械式抛光机分为电动式和气动式两种。电动式抛光机转速较大且转速可调，功率较大，研磨抛光效果较好。但由于电动式抛光机的功率较大，对于初学者来说，要时刻注意抛光机的状态，以免损坏车漆。气动式抛光机转速较低，且研磨抛光效力较差，研磨抛光作业的效率相对较低。因此，施工时一般使用电动式抛光机。

变速抛光机是一种电动式的、集研磨和抛光于一体的设备，安装研磨盘时可进行研磨作业，安装抛光盘时可进行抛光作业。变速抛光机通过旋转研磨盘或抛光盘来修复微小的漆面缺陷，并提高漆面的亮度。

在使用抛光机时，应注意以下事项：

（1）抛光机开机或关机时绝不能接触工作表面。

（2）施工时，右手紧握直把，左手紧握横把，由左手向作业面垂直用力，转盘与作业面保持基本平行。

（3）在抛光机完全停下之前，不要放下抛光机。

（4）不要太靠近边框、保险杠和其他可能咬住转盘外沿的部位进行作业。

（5）应时刻注意抛光机的电线，防止将其卷入机器。

（6）抛光时，应注意不要让灰尘飞到脸上，而应使其落向地板。

（7）目前抛光机所用的抛光盘有3种：羊毛盘、粗质海绵盘、柔软海绵盘。羊毛盘和粗质海绵盘用于抛光研磨，柔软海绵盘用于精细抛光。抛光作业时切记区分使用。

（8）在研磨抛光作业时，可使用喷水壶向研磨部位喷水，起降温、清洁及润滑的作用。

任务实施

气动抛光机

1. 轻微划痕的处理方法

（1）用洗车液清洁车体，无须擦干。

（2）将中度抛光剂均匀涂抹于漆面。

（3）开机后轻下慢放于漆面，转速调为1800～2200r/min，抛光一遍，喷水后再抛光一遍。

（4）用清水清洗漆面，清除残留的抛光剂。

（5）将细度抛光剂均匀涂抹于漆面。

（6）开机后轻下慢放于漆面，转速调为1800～2200r/min，抛光一遍。

（7）用洗车液清洁车体，擦干后封釉或打蜡。

2. 浅度划痕的处理方法

（1）用洗车液清洁车体，无须擦干。用美容砂纸（1500～2000号）将划痕部位打磨至漆面无光泽。

（2）将研磨剂均匀涂抹于漆面。

（3）开机后轻下慢放于漆面，转速调为1000～1400r/min，研磨一遍，喷水后再研磨一遍。

（4）用清洁剂清洗漆面，清除残留的研磨剂。

（5）将中度抛光剂均匀涂抹于漆面。

（6）开机后轻下慢放于漆面，转速调为1800～2200r/min，抛光一遍，喷水后再抛光一遍。

（7）用清水清洗漆面，清除残留的抛光剂。

（8）将细度抛光剂均匀涂抹于漆面。

（9）开机后轻下慢放于漆面，转速调为1800～2200r/min，抛光一遍。

（10）用洗车液清洁车体，擦干后封釉或打蜡。

任务2.2 免漆修复

连焊10分钟不眨眼——高凤林

📝 任务情境

当金属板在碰撞中严重受损时，因厚度变薄，表面积变大，在皱折处会受到拉伸。大多数拉伸可在直接损坏部位的拱形处、凹陷处和皱损找到，受到拉伸的表面形状高于原来金属板的表面形状，在修理时需要对这些变形进行收缩处理，让金属板恢复到原来的形状和厚度。

📝 任务分析

免漆修复，即利用凹陷修复技术进行保持原车漆的完美修复。需使用的工具设备主要有橡胶吸盘、溶胶拉拔器等。

汽车凹陷是指车体在外力的碰撞下，使汽车表面产生的凹坑、凹陷。在没破坏损伤原车漆的情况下，可利用凹陷修复技术，进行保持原车漆的完美修复。

微型矫正不伤漆面，损伤面积在 0 ~ 30cm² 以下的均可采用。经评估，可以免喷漆修复的，可酌情选用"不伤漆面钣金修复套装""气动钣金牵引器"或者"溶胶拉拔器"进行整形修复。

📝 知识解读

1. 气动钣金牵引器修复

修复原理是运用压缩空气将气动钣金牵引器的吸盘吸附在被修的板件上，运用外力将弹性变形区恢复原形。

橡胶吸盘的下端面贴紧在汽车外层蒙皮后，按下扳柄，利用螺钉盘将橡胶吸盘中部提起，在吸盘和蒙皮之间形成的真空便可将吸盘与蒙皮紧紧吸附在一起。此种方法仅适用于修复呈弹性形变面积较大的凹陷损伤（图2-1）。

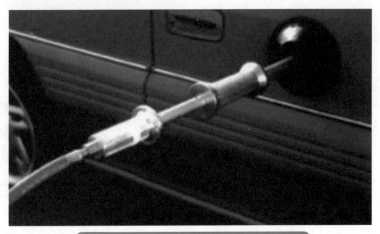

图 2-1 橡胶吸盘修复凹陷

2. 溶胶拉拔器修复板件

此方法主要针对约 10mm×10mm 无漆损伤的小凹坑,且无法从内部进行修复的板件。修复原理是运用溶胶吸附在待修复的板件上,运用外力将弹性变形区恢复原形(图 2-2)。操作方法是清洁漆面、熔胶、黏接塑料拉钉、拉拔整形、去除黏胶。

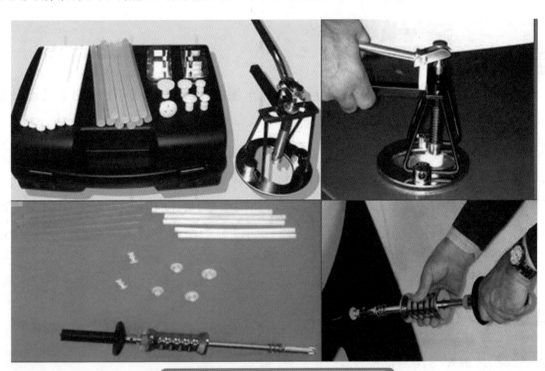

图 2-2 溶胶拉拔器修复板件

考核评价

考核评价表

评价内容		评价标准	权重/分	得分
任务完成情况	任务1	漆面划痕判断	10	
	任务2	了解研磨剂、抛光剂	10	
	任务3	变速抛光机的使用	16	
	任务4	轻微划痕的处理	14	
	任务5	浅度划痕的处理	22	
	任务6	气动钣金牵引器修复	18	
职业素养		安全操作，7S管理，良好的职业道德，具有团队合作精神	10	
评价者签名			总分	

知识拓展

1. 查阅资料，观看变速抛光机相关视频，学习使用方法。

2. 查阅资料，观看气动钣金牵引器和溶胶拉拔器修复板件视频。

项目 3

车身损伤整形修复

> **教学目标**
>
> **学习目标**
> 1. 了解典型车身损伤整形修复的施工标准和安全准则。
> 2. 熟悉相关修复工具。
>
> **能力目标**
> 使用修复工具及设备进行车身损伤的修复与矫正。
>
> **素养目标**
> 1. 施工过程安全规程养成。
> 2. 养成良好的职业态度。

精益求精——
贺玉兵

任务 3.1 钢制板件的整形修复

✏️ 任务情境

目前,家用汽车大多采用整体式车身,当车身上一些外覆盖板件受到损坏时,我们可以对其进行钣喷加工处理,消除金属板上的凸起、凹坑和褶皱。例如,对于车门、翼子板等覆盖件部件的外板损坏,要根据损坏情况判定是更换总成(部件)还是整平修理。在实际工作中，既要考虑车主的感受，也要向保险公司核实。如果损坏较轻，可以整平、拉伸复原。如果撞击处加工硬化的程度高、从面板背面不易修理以及门框损坏严重，影响车身参数，则需要整体更换。如果损伤未影响到内部整体式车身结构，则只需更换外部面板。不恰当地修复车身板件，不仅在表面上会给人以比较粗糙和拼凑的感觉，而且会影响车辆的使用寿命，甚至埋下安全隐患。例如，车辆在使用过程中出现的渗水、漏风、进灰尘、异响等故障，大多是钢板修复不到位造成的。

任务分析

通过图 3-1 能够看出，我们只有学习、掌握相关设备的应用和工具的使用，才能正确对车门板进行钣金修复工作。

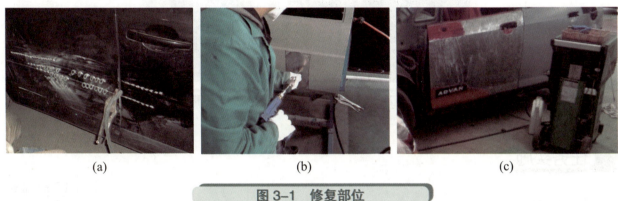

(a)   (b)   (c)

图 3-1 修复部位

1. 技术标准与要求

（1）修复拉伸和压缩过的车门板覆盖件，要符合原厂的形状、尺寸和使用性能，以及再次承受冲击载荷的要求。

（2）车门板覆盖件修理过后，不会起翘、松旷和发出噪声。

（3）更换车门板覆盖件时，需采用原厂工艺进行连接。

（4）修复完成后，不能有高点，在保证不影响喷漆工作的前提下，最多低 1mm。

（5）注意控制修复过程中的电流，不应过大，更不能形成较大的焊疤或者焊穿门皮。

（6）在车身修复过程中，不仅要做好个人防护，还应对车身玻璃和车内饰进行防火等安全防护。

（7）在选择对车门修复或更换时，要参考车主意见及实际经济情况，还要听取理赔工作人员的意见。

2. 实训器材

实训器材如图 3-2 ~ 图 3-5 所示。

图3-2 门板及门板支架

图3-3 多功能外形修复机

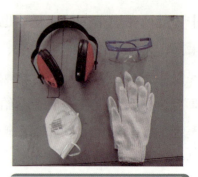
图3-4 防护用品

图3-5 垫铁、钣金锤、锉刀、记号笔、直尺、气枪、盘式研磨机、带式研磨机等

任务实施

1. 判断损伤

1）目视法

用目视法判断车身损伤如图3-6所示。

图3-6 目视法判断车身损伤

2）损伤类别（图3-7）

（1）弹性变形：区域A。变形程度在钢板的弹性限度内，当外力解除后，即恢复原状。

（2）塑性变形：区域B。当应力集中或直接损伤造成超出钢板弹性限度的变形，且外力解除后，仍保留变形状态。

（3）转折区、点：区域 C 和区域 D。即塑性变形与弹性变形的分界线（点），亦可称为应力牵制区（应力集中区）。

（4）破裂处：区域 E。外力过大或接触物形状造成板件延展过度或直接剪（切）破裂。

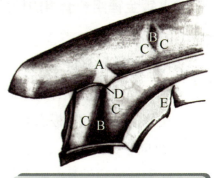

图 3-7 损伤类别判定

2. 选择工具

1）研磨机

（1）气动盘式研磨机的使用（图 3-8）。气动盘式研磨机主要用于打磨门板的直接损伤区，这样能去除门板损伤区的旧漆和原漆，露出裸金属部分，便于固定搭铁和使介子焊接黏结在门板上，进行门板损伤修复。注意：必须使砂纸的孔和磨盘的孔相对应，这样在打磨时旧漆膜产生的粉尘才会被吸尘袋收容。安装气管接头时，一只手把住盘式研磨机，用虎口卡住上面的开关（以免气管接通后打磨机运转造成损伤），另一只手拿住气管接头安装气管。

打磨时，要始终使研磨机与工件表面保持一个倾斜角（图 3-9），施加压力在磨盘上面，以尽快打磨旧漆膜。拆下盘式研磨机，放至原位。接上吹尘枪，配合抹布清洁表面。注意：只要有打磨就要有吹、抹动作，并清洁表面。

图 3-8 气动盘式研磨机

图 3-9 盘式研磨机的使用

（2）气动带式研磨机的使用。如门板等车身位置的直接损伤区凹陷比较深，单纯地使用盘式打磨机，不能彻底打磨干净。这时可使用带式打磨机，更容易直接打磨损伤区（图 3-10）。使用带式打磨机还可以处理其他未打磨干净的表面，如电流较大处的焊疤，直到需要修复的区域表面没有旧漆膜（图 3-11）。

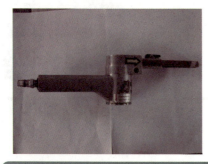

图 3-10 气动带式研磨机

图 3-11 带式研磨机的使用

2）钣金锤组合套组的使用

（1）手锤。

①横向手锤（图3-12）。

- 此手锤的顶端具有圆弧面和水平面。
- 在修正平滑的钢板表面及水平线成形时使用。

②纵向手锤（图3-13）。

- 此手锤的顶端具有圆弧面和直面。
- 在修正平滑的钢板表面及直线成形时使用。

③鹤嘴手锤（图3-14）。

- 此手锤有尖锐的角。
- 在敲击小的凸点时使用。

图3-12　横向手锤　　　图3-13　纵向手锤　　　图3-14　鹤嘴手锤

④皮手锤（图3-15）。

- 此皮锤中空，内装铁砂。
- 在修正板件时不伤漆面。

⑤木手锤（图3-16）。

- 此手锤的顶端为木桶状。
- 在修正没有刮痕的小变形时使用。
- 在修正铝合金时使用。

⑥曲面修复锤（图3-17）。

- 此手锤面呈网状。
- 在正面冷收缩时使用。

  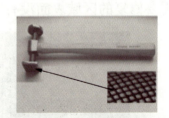

图3-15　皮手锤　　　图3-16　木手锤　　　图3-17　曲面修复锤

（2）握锤方法（图3-18）。

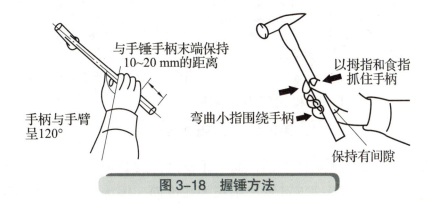

图3-18　握锤方法

（3）使用钣金锤敲击动作（图3-19）。

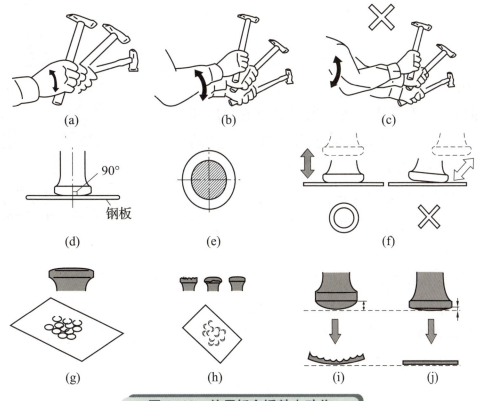

图3-19　使用钣金锤敲击动作

（a）摆动手腕；（b）摆动手肘；（c）维修外板件时肩膀不需一起摆动；
（d）敲击角度：与钢板呈90°；（e）敲击点：手锤面的中央；（f）敲击方向：以上下垂直的方向进行；
（g）好；（h）差；（i）大；（j）小

（4）手顶铁的使用（图3-20）。

①用途：与手锤配合使用，使钢板成形（图3-21）。

②手顶铁有不同的形式，可配合不同形状的钢板使用。一般的手顶铁为铁制，但目前也有铅、木块和塑胶制成的手顶铁。

图3-20　手顶铁

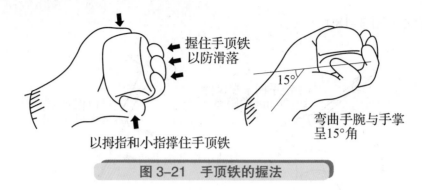

图 3-21 手顶铁的握法

③选择：建议使用小圆弧度的手锤；而手顶铁圆弧度必须接近或小于所修理钢板的圆弧度（图 3-22）。手顶铁平面端不可置于钢板的弧度面，因为手顶铁的尖端会使钢板面留下伤痕。建议手顶铁表面的圆弧度约为钢板原始弧度的 80%。

④使用：

• 实敲。手顶铁的位置和手锤敲打的位置相同，也就是将手顶铁置于钢板凸出部位的内部，然后使用手锤敲打凸出部位，将手顶铁正确地顶至钢板的凸出部位（图 3-23）。一般来说，实敲是在使用虚敲修正较大的凹陷后，再用来修整细微的凹陷。用于修复变形量较小的部位，或用于打薄板件使其延展。合适的敲击力能使凸起部分顺势压缩而恢复平整，但是加大敲击力，会使板件变薄延展而拱曲。

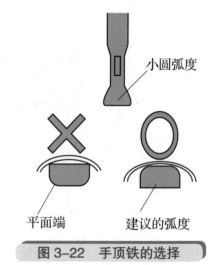

图 3-22 手顶铁的选择

• 虚敲。手顶铁垫托凹陷部位内部，锤子敲击正面的凸起（图 3-24）。适用于修复平板上较大面积的变形和板件的大致修复（图 3-25），也可用于修复凸起和凹陷同时存在的部位。凸起和凹陷程度可能会不一致，适当控制垫托和敲击力度可使凸起和凹陷同时趋于平整。狭小的部位，可用撬棍代替手顶铁进行垫托。

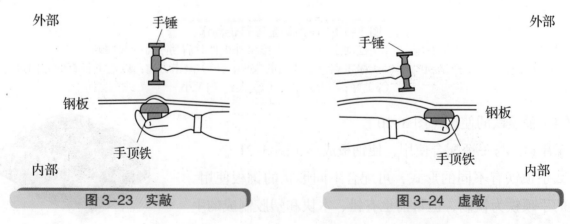

图 3-23 实敲　　　　　　　　　　图 3-24 虚敲

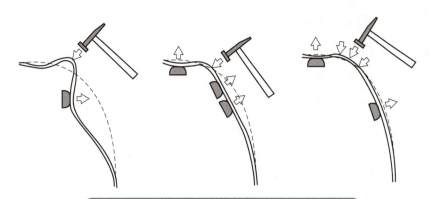

图 3-25　使用虚敲手法维修大面积的凹凸

> 💡 小贴士
> ①虚握钣金锤锤柄中后部，落锤的锤面要尽量与板面轮廓匹配，做到锤面与板面水平接触。用手腕的力度控制敲击，敲击时有滑动的趋势，产生锉敲效果。如果敲击方法不正确，会使板件产生分力，受分力影响，可能会产生其他方式的变形，加大修理难度。
> ②拉低敲高法的应用，主要是通过拉拔器拉正面低点，钣金锤敲正面高点。

（5）撬棒的使用（图 3-26）。

撬棒用途：在较窄小的空间中修复变形钢板时使用。

撬棒有不同的形状，可配合不同形状的钢板来使用。

撬棒通常用碳钢制成。碳钢具有良好的耐久性，并且能有效抵抗弯曲和变形。

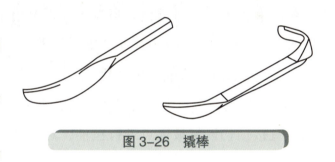

图 3-26　撬棒

3. 外形修复机的使用

1）外形修复机各选择按钮

观察外形修复机面板的各个按钮，掌握各个按钮的功能及操作方法（图 3-27）。

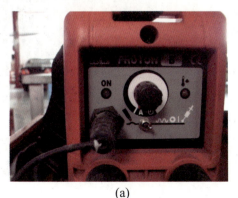
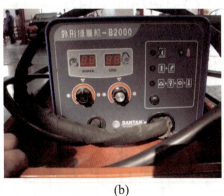

(a)　　　　　　　　　　(b)

图 3-27　外形修复机外观

（a）进口外形修复机；（b）国产奔腾外形修复机

（1）机器电流调节旋钮（Power）。顺时针旋转，数字越大，电流越大。但电流不宜过大，否则焊接介子时容易形成难去掉的大焊疤，焊透可能性加大。

（2）通电时间调节旋钮。顺时针旋转，数字越大，通电时间越长。也可以先将通电时间调至最大处，手动控制通电时间的长短；若长时间使用，可将通电时间调节旋钮调到合适的位置，让机器自行控制，以减少体力和精力的消耗。

（3）功能选择按钮（开关）。主要有三个挡位：单面点焊挡、收火挡、不同介子拔拉焊接挡。

2）外形修复机工作原理

外形修复机就是通过将垫圈熔焊黏结在门板上，结合拉拔器、收火等功能来实现损伤门板修复的工具。垫圈焊接作业的维修方法是利用外形修复机，将垫圈焊接于钢板的凹陷部位，然后朝外拉拔垫圈而将凹陷部位拉出，因为此种维修方法作用于钢板外表面，所以较适用于修理从内侧不易触及的损伤部位。

在如图 3-28 所示的回路中，电阻最大的部位位于垫圈和钢板的接触部位。当电流通过电阻最大部位时，因为高电阻消耗电能而产生高热能。

3）外形修复机的具体使用

（1）外形修复机的拉拔功能。使用车身拉拔器，先对直接损伤区域最远点进行拉伸，然后缓慢地向中间靠拢。

图 3-29 所示拉拔顺序可供参考，当然也可以根据个人习惯及工作经验，换顺序拉拔。只有选择最适合自己的维修顺序，才是最快捷的维修方法。

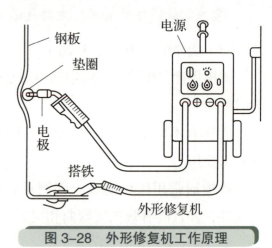

图 3-28　外形修复机工作原理

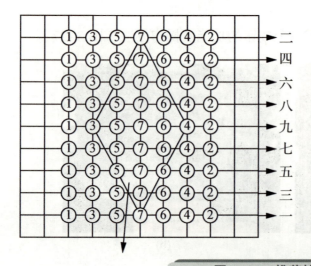

图 3-29　推荐拉拔顺序

😊 小贴士

①拉拔的角度：以轻松、快捷的角度从板面垂直拉出。

②从原来的钢板面轻轻地向外拉出，拉拔量（力度）不超过原平面，以低于1mm为宜。

③检查拉伸器三角片是否有焊渣（如果三角片上有焊渣，可用锉刀清理干净；如果烧蚀严重，则须更换新焊片），防止焊接时，产生脱焊现象（图3-30）。

④注意焊片与门板的压紧力度。太紧，等于收火；太松，容易爆火花，形成不可靠的虚焊。

图3-30 检查拉伸器三角片

拉低敲高的应用：拉住拉拔器，使用钣金锤敲击高点去除板件应力（图3-31）。虽然垫圈焊接法是将垫圈焊接于钢板上，但所采用的原理和手锤与手顶铁方法中的虚敲技术相同。

虚敲作业的手法是将手顶铁置于钢板内侧凹陷部位的最低点，而垫圈焊接作业则是将垫圈焊接于钢板的外侧，然后钩住垫圈向外侧拉拔，以取代向外侧压出的手顶铁（图3-32）。

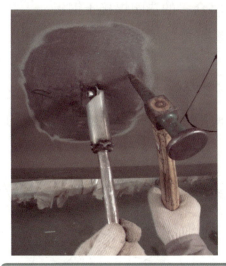 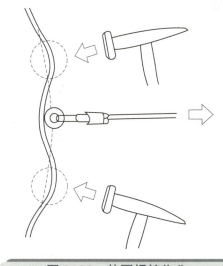

图3-31 拉低敲高　　　　　图3-32 垫圈焊接作业

😊 小贴士

①拉伸中，如用力过猛则容易出现高点。拉伸过程中，焊接低点处，向外拉伸后，使用铁锤靠近三角片处，轻轻锤击高点。

②敲击后，确认板面平整度，并视情况再次拉拔。

③使用碳棒或铜棒消除应力需同时配合适当的敲击，以三角片为中心使用钣金锤轻轻敲击，并向外扩散。

④根据板面的受损情况，确定拉拔圈数，一般每次拉拔以不超过拉拔量的3mm为标准。

⑤拉拔直接受损位置时，拉拔间距一般保持在5mm左右的间隔。如果受损区应力集中密集，可适当减小间隔。

常用的4种拉拔方法如下。

①使用手拉拔器拉拔。如图3-33所示，使用手拉拔器拉拔焊接垫圈，然后以手锤敲击钢板凸起部位。此种方法适用于维修小的凹陷部位。

②使用滑动锤拉拔。利用滑动锤的冲击力拉出焊接的垫圈来修理凹陷（图3-34）。此种方法用来作粗拉拔和在钢板强度高的部位修理凹陷。

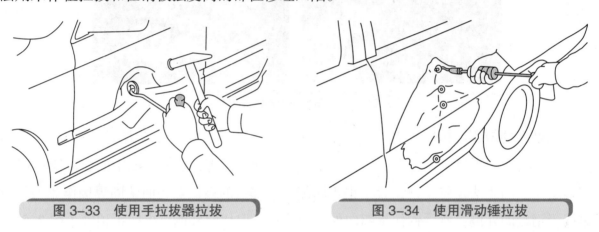

图3-33 使用手拉拔器拉拔　　　　图3-34 使用滑动锤拉拔

③使用拉塔拉拔。此种方法用于维修大的凹陷，将众多的垫圈焊接于钢板上，并且用较大的力量将垫圈一起拉出（图3-35）。此外，链条能够维持拉拔的力量，所以操作人员的双手能够空出来执行其他作业，如敲击作业。

④使用具有焊接极头的滑动锤拉拔。此种工具为一种包含焊接极头的滑动锤，此种工具的极头可焊接于钢板上，并将钢板拉出（图3-36）。使用此工具时，必须将焊接机的正极头接于滑动锤的后侧。

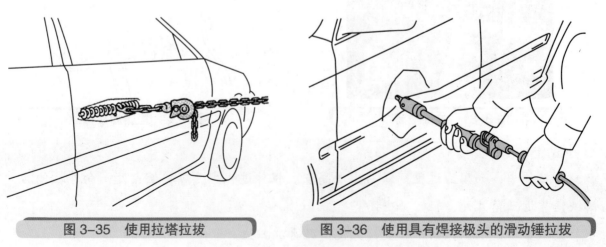

图3-35 使用拉塔拉拔　　　　图3-36 使用具有焊接极头的滑动锤拉拔

（2）去高点缩火功能。所谓钢板缩火，是指将钢板加热后急速冷却从而使延展的钢板收缩。钢板处于延展的状态，虽已使用手锤与手顶铁敲击成平滑的平面，但钢板却无法提供足够的刚性，甚至用手指按压钢板即产生凹陷。

钢板发生延展的原因主要有两个：一是钢板受到撞击后变形而发生延展；二是在维修时，过度使用实敲而使钢板发生延展。钢板上强度最弱的部位最容易延展，这是因为其两边的钢板冲压线间距较宽，或钢板斜度较小。

操作方法如下：取下拉拔器，找出铜头（碳棒），将铜头（碳棒）装入焊枪中，并用扳手拧紧。铜头（碳棒）配合气枪对板件进行去高点收火处理。随着温度上升，钢板的加热部位会朝着加热区域的边缘向外膨胀，但其周围为未加热的冷钢板，所以会限制钢板的膨胀，因此产生强大的压缩应力。若继续加热，则膨胀会集中于红软的红热部位，从而将金属压出而产生变厚的现象，因此而消除了压缩应力。若于此状态下将红热部位急速冷却，钢板由于收缩而产生张力（图3-37）。

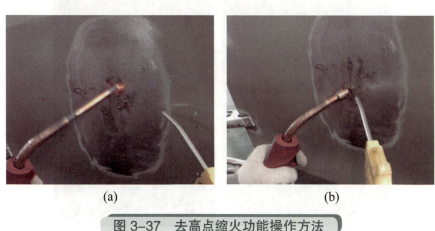

(a)　　　　　　　　(b)

图3-37　去高点缩火功能操作方法
(a) 铜棒：点缩火；(b) 碳棒：连续缩火

缩火作业的程序如图3-38所示。

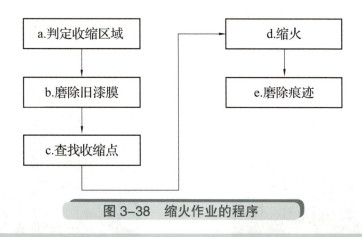

图3-38　缩火作业的程序

小贴士

①检查铜头有无焊渣，如有，使用锉刀将焊渣清理干净。如铜头烧蚀严重，则更换新铜头。

②根据上面的测量点（局部高点），将铜头与门板裸金属表面局部高点完全接合，按下开关加热，并使用气枪马上冷却钢板。

③收火加热温度应控制在200℃以下，否则温度过高会使钢板内部组织发生变化，影响钢板的原始属性。

④板件去高点收火后，钢板平面不能有高点，如有高点应再次进行收火，直至平面与原始平面高度一致或低于原表面（小于1mm）。

（3）搭铁线安装。先在车门边角打磨出裸金属处，将搭铁线夹到车门板角边缘。如门板只是局部补漆，不进行整扇门喷涂操作时，则要在靠近补漆部位最近的裸金属位置固定搭铁。如不能使用大力钳夹紧时，可先焊一个焊圈，再将开槽的搭铁铁块套上，形成可靠连接（图3-39）。

图3-39　搭铁线安装

4. 门板修复工艺流程和方法

（1）工作准备。整理场地，初步查看受损部位，结合经验制定维修方案，选择维修过程中所需工具，并将工具移至工位（图3-40）。

（2）安全防护。次序：口罩→护目镜→工作帽→耳罩→棉纱手套（图3-41）。

图3-40　工作准备

图3-41　安全防护

项目 3　车身损伤整形修复

> 😊 **小贴士**
> 防护用品的牢靠是我们作业的支撑，作业时都要正确佩戴防护用品。

（3）检查工具。快速走到外形修复机处，检查清点各种工具是否完好、整齐。如有损坏或缺失，应立即处理。使用后将工具放回原处。

（4）确定损伤部位，制订维修方案。检查损伤面积，用记号笔画出需要打磨的区域。一般要求大于直接损伤区域各个方向 80mm。有间接损伤的区域也需要将原漆打磨掉（图 3-42）。

（5）使用打磨机打磨旧漆膜，把 60 号、80 号砂纸黏结在盘式打磨机的磨头上面，打磨旧漆膜（图 3-43）。

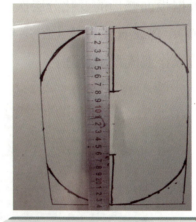

图 3-42　确定打磨区域

> 😊 **小贴士**
> 每次打磨后都要使用抹布配合气枪，将车门表面灰尘擦干净（图 3-44）。

图 3-43　打磨旧漆膜

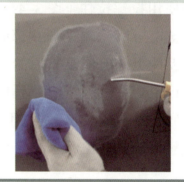

图 3-44　配合气枪用抹布将灰尘擦干净

（6）使用快速修复机修复。使用介子机时，首先把搭铁线紧固好，再试焊（图 3-45）。

> 😊 **小贴士**
> 因为介子机的可调节参数范围大，必须调到最适合本次维修的电流和通电时间，这个过程需要进行 3~5 次试焊，才能找到最合适的参数（图 3-46）。试焊可在搭铁部位进行，避免一开始就电流过大，造成门板损伤。

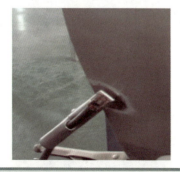

图 3-45　将搭铁线固定好

图 3-46　试焊

焊接时要遵循车身表面局部修复原则：先里后外、先大后小、先强后弱、有筋先做筋。可根据压痕深浅和个人对介子机操作技能的高低，在不违反操作原则的情况下，在操作时根据板面修理的变化分层次灵活操作（图3-47）。最先拉拔最后损伤的部位（间接损伤的区域），建议直线拉拔（图3-48）。拉拔时要用左腿膝盖顶住作业门板，以免拉拔时板件移位造成作业流程不合理。

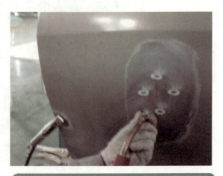

图3-47 焊接

图3-48 直线拉拔

需要注意是，拉拔时中间的较深凹陷需要使用拉锤拉住（图3-49）。用鹤嘴锤敲击压缩区放松板件内部应力，可使板件更好地恢复其原始状态。敲击压缩区后一定要把鹤嘴锤放置在工具车上面或夹在自己的腋下，工具不许落地一直是我们追求的5S目标。

图3-49 使用拉锤拉住较深的凹陷处

（7）进行适当的去高点收火作业和表面去应力作业（图3-50）。记住每一次的收火都是不得已而为之，都是板件表面积的增大造成的表面凸起，用手可以轻轻地按下去，抬起手其表面又会自动弹起。此时必须使用收火才能使其恢复原始状态。

收火时使用介子机的收火挡，建议使用指导电流，时间以加热后看不到表面碳伤为宜。

> 😊 **小贴士**
>
> 较小面积的收火，可以使用电极头单点加热。配合吹尘枪快速冷却，将其表面积强制恢复至原始状态（图3-51）。不宜反复在一个点连续收火。

图3-50 进行去高点收火作业

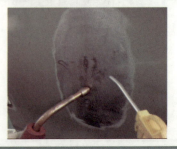

图3-51 配合吹尘枪快速冷却

（8）运用正确测量方法检查并完善修复作业。做好表面的清洁和作业的检查，使用盘式打磨机清洁表面，打磨掉表面的拉拔碳伤，再使用吹尘枪清洁表面的粉尘。按米字形，用手去摸表面的平整度（图3-52）。

> 😊 **小贴士**
>
> 使用直钢尺测量表面的修复情况（图3-53）。修复的表面不能低于原始表面1mm；不能有高点；修复的表面应清洁无粉尘，没有碳伤。

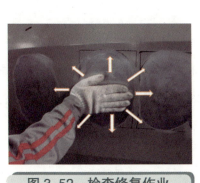

图3-52 检查修复作业

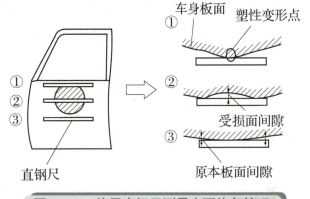

图3-53 使用直钢尺测量表面修复情况

（9）整理。整理工具，用抹布擦拭工具并放回。将介子机参数归零后关闭，取搭铁线并归位。

精益求精克难关——夏立

任务3.2 铝合金板件的修复

📝 任务情境

为了达到节能减排的目的，提高燃油经济性，最有效的方法就是减轻车身质量。众所周知，采用高强度钢板（HSS）等轻量材料就是为了减轻车身质量。为了进一步减轻车身质量，铝材将逐渐代替钢材。如果车身完全使用铝材制造，与完全使用钢材制造相比，车辆总质量能够减轻40%。因此，在车身上使用更多的铝材已经被越来越多的汽车设计师所认可。

📝 任务分析

尽管铝合金具有诸多卓越特性，但与钢材相比，铝合金缺少可加工性，维修所需的条件较为苛刻。

知识解读

在对铝合金板件进行维修时，需注意以下几点。

（1）如果铝合金的底板暴露在外，其表面很快会生成一层氧化膜，从而防止腐蚀。但当施涂原子灰或油漆时，这层氧化膜会影响其附着力，因此应在打磨铝合金表面并去除表面油污后尽快处理底板。

（2）加热铝合金能够防止加工硬化和断裂，并提高加工性能，因此加热是使变形部位恢复原状的有效手段。进行加热修理的最佳温度是200℃，如果温度过高，铝合金持久性将逐渐减弱，因此，修理过程中应注意控制加热温度。

（3）铝合金和不同类型的金属（特别是钢）持续接触一段时间后，会产生电偶腐蚀，因此必须清除修理工具表面的铁质微粒，或使用修理铝合金板的专用工具。电偶腐蚀的解决方案就是对不同类型金属之间的接触表面进行涂装。这种涂装主要应用在以下两个方面：①在焊接螺母上镀锌；②在使用铆钉时，其接触表面也要涂装。

任务实施

1. 手工作业修复

手工作业可分为用锤子和手顶铁修理、加热修理。开始修复前应先判别损伤部位。这与确定钢板损伤部位的方法相同，通过目视检测和用手感觉来检查铝合金板的损伤部位是否被拉长。如果发现内板变形或内板与外板分离，则应更换。

1）用锤子和手顶铁修理

（1）初修。使用塑料锤、木槌、铝锤或平头锤，对弯曲区域进行初修。如果此操作有困难，可以对此区域进行加热修理。修复拐角线时，应从背面敲击铝合金板，以避免对面板造成刮伤和敲伤。

（2）虚敲。将手顶铁放在凸缘表面上，使用虚敲法，使外板平整。用木槌敲打面板的凸起部位，并用平头锤修复凹凸不平的部位。需要注意的是，铝合金板较软且易延展，所以敲击过程时必须轻柔而准确。在完成以上修理步骤后，如果铝合金板的表面刚性较差，则应进行缩火操作。

2）加热修理

铝板的刚性相对较强而韧性较差。外力作用于铝板时，受力点的周围会出现大面积的凹陷。所以，铝板修复时可进行加热，以增强铝板的可塑性。根据铝合金板损伤的情况，加热修理除了会用到锤子和手顶铁外，还可能用到煤气喷灯、工业加热枪、热敏笔、无触点温度计及温度指示标签（或温度指示漆）等工具和材料。加热前应用湿布来防止火焰产生的热量烧伤未损坏的铝合金表面。将温度指示标签（或温度指示漆）贴到离被加热部位约100 mm

的位置，以防止火焰直接接触到温度指示标签。然后用煤气喷灯均匀加热铝合金板上损伤的弯曲部位，一旦标签的颜色改变，则停止加热并迅速进行矫正作业。矫正作业分为以下几个部分。

（1）初修。因为铝合金会迅速冷却，加热后应立即用锤子敲打铝合金板的下表面。如果拐角线已修复，则初修完成，即使铝板表面上还存在损伤。

（2）用锤子和手顶铁修理。铝合金板很软，所以在使用手顶铁时就必须使用木槌或塑料锤进行虚敲，这与钢板的修理方法基本相同。通过实敲和虚敲的方法反复修整使板面光滑，用实敲的方法恢复面板拐角线至原来的状态。

（3）检查修理后的表面。如果修理过的板面高于未损伤的板面或修理后的板面强度降低，则进行缩火操作。

（4）修理内板的凹痕部位。无凸出的部位通过施涂原子灰和打磨来修理，对于隆起部位，应使用工业加热枪对损伤部位加热约30s。被加热的部位仍保持热的状态时，用平头锤敲打使其恢复原来的形状。

对于手顶铁不易触及部位的损伤，可以采取两人合作的方式，一人使用撬棒从内侧撬住或顶住凹陷部位，另一人开始加热，达到预定温度后，撬棒从内部开始加力，同时从外侧敲击隆起部位，这样便于消除应力及修平作业。若无法确定撬棒是否与凹陷内部正确接触时，可以从外侧使用铝锤轻轻敲击凹陷部位，同时从内部移动撬棒的位置，通过发出的声音进行判断。位置正确时，声音较为清脆，反之则发闷。

2. 拉拔修复

铝合金板件可以通过焊接铝焊钉或拉片进行拉拔修复。在进行拉拔修复前，应注意以下几点。

（1）判断损伤部位。这与判断普通车身钢板损伤部位的方法相同，通过目视检测和用手感觉来检查铝合金板是否被拉长，或损伤部位的油漆层上有无裂纹或剥裂。如果没有裂纹、剥裂或拉伸，则清洁铝合金表面后进行拉拔操作。如果出现内板变形或碰撞产生的冲击力导致内板与外板分离的损伤，则需进行更换。

（2）彻底去除铝合金板上将要焊接铝焊钉或拉片的部位的油漆涂层。建议使用专用不锈钢钢丝刷，切勿使用打磨过钢板的钢丝刷或打磨盘，以免造成铝合金板腐蚀。使用研磨机研磨时，应调低转速，并采取间歇式打磨，防止高速旋转的砂轮烧穿铝合金板及热量过度累积造成铝合金板变形。接着用气枪吹走铝合金板表面黏附的灰尘，并用去油污剂去除铝合金板上将要焊接铝焊钉或拉片的部位的油污。

（3）彻底清除油漆层及油污非常重要，否则在焊接铝焊钉时会出现接触不良而产生打火现象，造成铝合金板击穿或出现表面凹坑。此外，如果修复工作中停滞的时间较长，裸露的铝合金板表面会迅速形成一层较薄的氧化膜，再次焊接时需要清除干净。

3. 通过焊接铝焊钉进行拉拔修复

通过焊接铝焊钉进行拉拔修复必须使用专用焊机，且在正式焊接前需进行试焊。相对于钢板而言，铝合金修复前的试焊工作尤为重要，不正确的焊接参数将导致焊接强度差、铝合金击穿或表面出现凹坑。试焊时，需要在同样材质及厚度的铝合金上进行，对焊接电流、焊接时间等参数进行调整，直到获得良好的焊接效果。

试焊工作完成后，焊接工作即可进行。首先将铝焊钉推进转换器，不要使用工具将铝钉用力砸进转换器，铝焊钉头部的小触点用于在焊接时产生电弧，因此不能损坏。根据损伤面积、程度，合理确定下一步所要进行的拉拔方式，在此基础上正确选择铝焊钉焊接的位置及数量。将焊枪垂直于铝板进行焊接，然后将焊枪从铝焊钉上垂直拔出，这样，铝焊钉就牢牢焊接在铝合金上了。在进行铝焊钉焊接修复时，虽然铝合金背板也会受到热量影响，但其表面马上会生成一层氧化膜，所以没有必要施涂防锈剂。

汽车医生——魏俊强

任务3.3　车身校正

任务情境

现代汽车是车架式车身，有坚固的车架。车身通过螺栓和橡胶垫固定在车架上。车辆受到严重撞击后，车身的外部覆盖件和结构件钢板都会发生变形。车身外部覆盖件的损坏，可以用锤子、垫铁和整形修复机修复。而车身结构件的损坏，仅仅使用这些工具是无法完成修复的。由于车身结构件强度非常高，修复这些部件，必须通过车身校正仪，才能快速精确地完成。

任务分析

完成本任务，需要掌握车身校正的基本知识，使用的主要设备工具有变形车身、车身校正仪、各种钣金工具、测量工具、基本工具、个人防护用品。

知识解读

1. 车身校正基本认知

车身校正的重点是"精确地恢复车身的尺寸与状态"（图3-54）。因为车身（特别是整体式车身）是车辆的基础。汽车的发动机、悬架、转向系统等都安装在车身上，如果这些部件安装点的尺寸没有校正到位，就会影响上述部件在车辆上的装配。在车身校正时，消除由于碰撞而产生的车身和车架的变形和应力也非常重要。并不是所有变形部件都可以在校正后继续使用，有些部件，特别是高强度钢和超高强度钢制造的部件，其变形后内部应力相当大，而且用常规的方法无法完全消除这些应力，所以对于这些部件不能校正，只能更换。

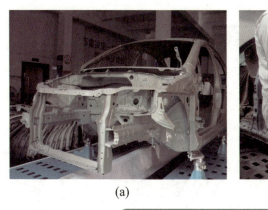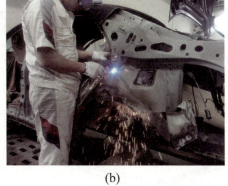

(a)　　　　　　　　　　　　　　(b)

图 3-54　车身校正

1）车架受损变形

车架受损时的变形，大致可分为以下五种类型。

（1）左右弯曲变形（图 3-55）。

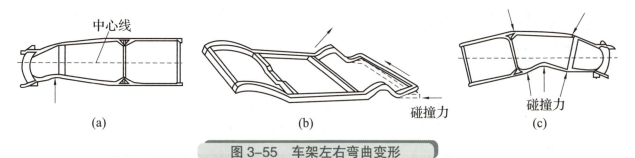

图 3-55　车架左右弯曲变形

（a）前部左右弯曲变形；（b）后部左右弯曲变形；（c）中部左右弯曲变形

（2）上下弯曲变形（图 3-56）。

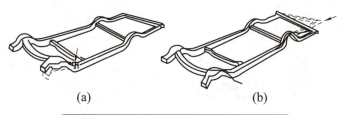

图 3-56　车架上下弯曲变形

（a）前部上下弯曲变形；（b）后部上下弯曲变形

（3）断裂变形（图3-57）。

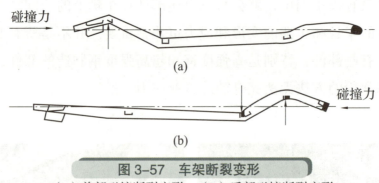

图3-57 车架断裂变形
（a）前部碰撞断裂变形；（b）后部碰撞断裂变形

（4）菱形变形（图3-58）。

（5）扭转变形（图3-59）。

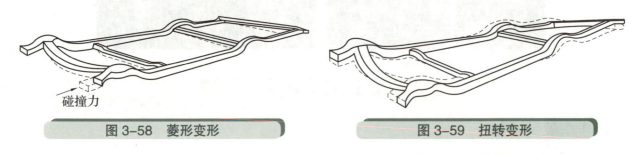

图3-58 菱形变形　　　　　　　　　图3-59 扭转变形

2）车身吸能区设计

由于整个车身壳体由许多薄钢板连接而成，碰撞能量大部分被车身壳体吸收了。其中一部分被碰撞区域的部件通过变形吸收掉，另一部分通过车身的刚性结构传递到远离碰撞的区域，这些被传递的振动波引起的损伤称为二次损伤。二次损伤会影响整体式车身的内部结构或被撞击部位相对一侧的车身。

为了控制二次损坏变形，并为乘客提供更为安全的乘坐空间，承载式车身在其结构上采取了不同刚度等级的方法，在其前部和后部都设计有吸能区（图3-60）。

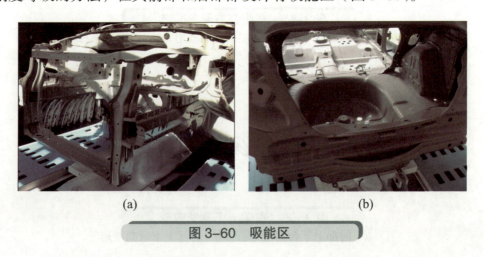

图3-60 吸能区

车辆前后部发生碰撞时，这些吸能区可以吸收大量的碰撞能量，从而保护中部的空间；

来自侧向的撞击则被主车底板侧梁及其加强梁、中心立柱、车门侧向防撞杆等加强部件抵抗和吸收（图 3-61）。

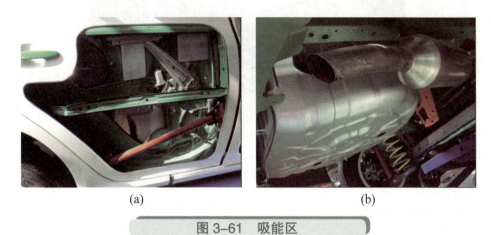

图 3-61　吸能区

3）汽车的碰撞变形

（1）汽车前部碰撞变形（图 3-62）。

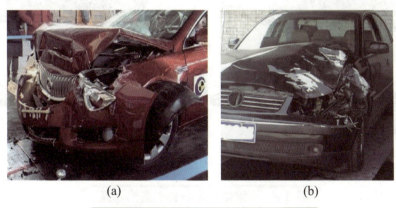

图 3-62　汽车前部碰撞变形
（a）前部正面碰撞变形；（b）前部斜前方碰撞变形

（2）汽车后部碰撞变形（图 3-63）。

（3）汽车中部碰撞变形（图 3-64）。

图 3-63　汽车后部碰撞变形

图 3-64　汽车中部碰撞变形

（4）汽车顶部碰撞变形（图3-65）。

图3-65　汽车顶部碰撞变形

（5）整体式车身的碰撞损伤是按弯曲变形、断裂变形、增宽变形和扭转变形的顺序进行的（图3-66）。

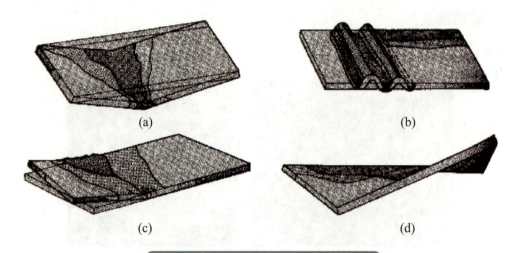

图3-66　整体式车身各类变形示意
（a）弯曲变形；（b）断裂变形；（c）增宽变形；（d）扭转变形

2. 技术标准与要求

（1）进入工作区要穿戴好工作服、手套；不准穿拖鞋、高跟鞋进入。

（2）操作前检查：

①设备操作前应清理场地，平台及周边不能堆放杂物，整理油、气管路，防止操作时挤压管路；

②检查油、气管路各接头是否连接好，管路是否有破损，如有破损要及时更换，严禁再用；

③检查塔柱滚动滑轮固定螺栓是否松动，必须及时拧紧，以免塔柱滑落造成人员和物品损伤。

（3）上下车辆操作规程：

①汽车校正平台升降时设备附近严禁站人，上下车辆时必须有人在旁边指导，车辆应停靠在平台指定位置；

②平台升降时应操作平稳，平台轮腿油缸无节流阀时，严禁全开油泵泄压阀；

③升降平台时，塔柱固定在平台另一端，防止滑动；二次举升放置在靠近活动腿一侧；

④车辆在平台上要拉紧驻车制动，轮胎前后用三角木垫好；

⑤车身校正仪平台活动支腿锁止销在平台升起后必须锁死。

（4）车辆固定操作规程：

①夹具夹紧前检查钳口，应无油污、杂物；

②检查夹具各部位是否有变形、裂纹，如有必须更换，防止受力后断裂飞出伤人；

③主夹具固定螺栓、钳口紧固螺栓要完全拧紧。

（5）测量操作规程：

①量具应轻拿轻放，切勿碰撞，以防变形、损坏；

②测量读数时，视线要与读数部位平行，减少读数误差；

③测量完毕，量具应马上放回工具车原处；

④量具固定、连接螺丝松动后，重新拧紧，力量不要过大。

（6）拉伸操作规程：

①拉伸操作前，检查链条、钣金工具、拉环是否完整，没有破损、裂口、大划伤方可使用；

②拉伸时塔柱紧固螺栓要拧紧，导向环高度不能超过警戒红线；

③检查链条、锁紧机构，链条不能扭曲，所有链节在一条直线上，导向环手轮拧开；

④拉伸时注意拉伸力不要超过工具额定载荷；

⑤拉伸时不要敲击钣金工具及链条；

⑥拉伸时，相关人员不要与链条受力方向在同一条直线上；

⑦当拉伸力较大时，应在拉力方向相反一侧用链条将车辆固定在平台上。

（7）汽车校正设备使用完毕后，清理场地，将钣金工具、量具、夹具等物品擦拭干净后整齐有序地放在工具车上。

（8）部件损坏、液压系统故障，禁止自行打开维修，以免损坏或丢失配件，造成不可修复；禁止私自调整油泵溢流阀。车身校正仪出现故障必须及时汇报。

任务实施

车身校正仪操作演示

1）车身前部损坏的修复

（1）车身损坏分析确定拉伸程序。通过碰撞位置可知车身的左前方受到碰撞（图3-67），散热器框架和前纵梁都受到严重损坏，前立柱也向后变形，需要按照与碰撞方向相反的方向对左前纵梁和左前立柱进行拉伸（图3-68）。在左前立柱尺寸恢复后，再把需要恢复的左前纵梁拆除，然后修复右前挡泥板和右前纵梁。

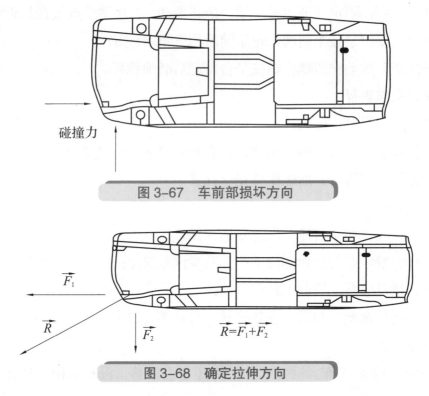

图 3-67　车前部损坏方向

图 3-68　确定拉伸方向

（2）对右前纵梁和挡泥板拉伸校正。在修理时，对发动机室部位的尺寸可以使用点对点测量来对比，如测量图中给出的尺寸，先校正好其对角线尺寸（图 3-69）。

一般情况下，修理侧的整个翼子板内加强板和纵梁往往只是向左或向右偏斜。由于长度方向实际上并未发生扭曲，在修理过程中，在注意修理情况的同时，应不断地测量对角线长度，并校正其距离。为了提高作业效率，可同时拉拔纵梁与翼子板内加强板上部的加强件（图 3-70）。如果修理侧的纵梁朝外侧偏斜，则应朝前转一个角度拉拔，同时要注意监测对角线的变化；如果修理侧的纵梁朝内侧偏斜，则应直接向前拉拔；如果修理侧的纵梁损伤严重，则应在对角线长度正确的点位处把横梁和散热器上固定板拆开，分别进行修理。

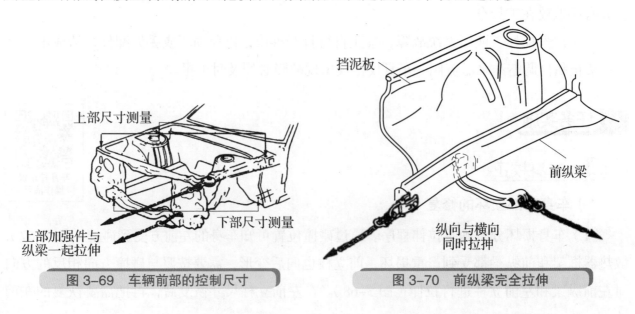

图 3-69　车辆前部的控制尺寸

图 3-70　前纵梁完全拉伸

在修理纵梁弯曲损伤时，应该夹紧纵梁里的损坏面，向前拉伸时，在损坏部位要有一个力同时从里向外拉或从外向里压。修理完弯曲部分后，尺寸应与标准尺寸相吻合。

（3）对前立柱的拉伸校正。对于换件侧的前翼子板内加强板和纵梁的修理，主要的修理部位是前围。如果碰撞严重，则损伤可能波及前立柱，车门的定位也会受到影响。简单地夹住翼子板内加强板前缘处进行拉拔，并不能修复前立柱和前围板的主要损伤，而应在安装部位附近截断内加强板和纵梁，在主要损伤部位附近夹紧，然后进行拉拔。在对前立柱向前进行拉拔的同时，还可以用一个便携式油缸从内侧撑顶。

2）车身后部损坏的拉伸修复

一般情况下，尾部碰撞都是撞在后保险杠上，其冲击力由后纵梁或附近的板件传递，从而造成纵梁上翘部位的损伤，并由此引起轮罩变形，整个翼子板前移，从而改变了其他部件之间的间隙。

首先将夹持器或挂钩固定在后纵梁、行李箱地板或后翼子板的后部，然后边拉拔边对车身下部每个尺寸进行检测。在后纵梁被挤进轮罩或者后门缝有变形的情况下，不要夹持及拉拔变形不大或未出现变形的翼子板，应只对纵梁进行拉拔来消除翼子板内的变形应力（图3-71）。

3）车身侧面损坏的修复

（1）损伤分析确定拉伸程序。汽车受到来自一侧的碰撞后，门槛板中心位置受到严重损坏，门槛纵梁弯曲，地板变形，车身前后部弯曲，使车身扭曲成香蕉状。修理这种类型的损坏，可以使用拉直一根弯铁丝一样的方法，将车身的两端拉开，再将塌下去的车身侧面向外拉，也就是车身的前后两端都要进行拉拔，而车身中部向内弯曲的部位需要向外拉拔，这就是"三向拉拔"校正方法（图3-72）。

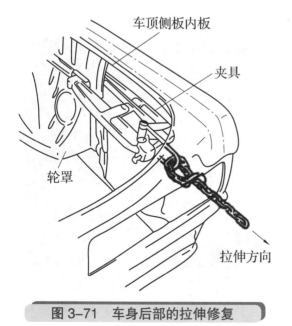

图 3-71　车身后部的拉伸修复

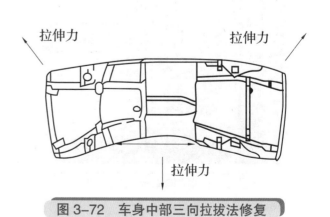

图 3-72　车身中部三向拉拔法修复

（2）车辆的固定（图3-73）。将车辆用主夹具固定在校正平台上，必要时要在车辆上使用一些辅助夹具来加强车辆定位。

（3）纵向拉伸车辆的中部（图3-74）。主夹具紧固在车辆的门槛板裙边上，主夹具与平台之间不固定。用液压顶杆顶在两个主夹具上进行中部向两侧的拉伸。同时在中立柱门槛上边的裙边上安装两个夹具进行侧向拉伸，因为中部受损后拉伸力比较大，需要同时进行两个点以上、多个方向的拉伸。

图3-73　车身的固定

图3-74　拉伸车身中部

（4）拉伸车辆的前端弯曲（图3-75）。由于车辆的前后有弯曲变形，所以要对前部进行校正。通过测量可以看出前纵梁的尺寸有朝向撞击方向的变形，用尼龙带或其他夹具对前纵梁进行拉伸。拉伸时注意链条导向环和链条的高度要与纵梁平齐，不要太高或太低，否则拉伸时会产生向上或向下的力，使纵梁产生上下弯曲变形。

（5）拉伸车辆后部（图3-76）。由于产生后纵梁与前纵梁存在同样的问题，也要根据测量尺寸的结果来进行校正。

图3-75　拉伸车辆前端弯曲

图3-76　拉伸车身后部

（6）侧向拉伸门槛板（图3-77）。在碰撞时门槛板承受了较大量的力，变形量大，有些板件可能需要更换，但必须在进行校正后才能够进行更换。通过大力拉钩向外进行拉伸。注意：大力拉钩与车辆板件的接触受力点要根据情况选择不同接触面积的垫块，同时注意拉伸的方向，遵循拉伸的要点，使应力充分放松。

（7）侧向拉伸中立柱（图3-78）。中立柱在碰撞中也会变形需要拉伸。我们可以通过测量车门的铰链、门锁安装点、车门裙边的焊接接口处的尺寸数据，来确定拉伸程度。在拉伸中立柱下部时，为了防止中立柱上部也跟着变形，需要用尼龙带在中立柱上部进行辅助拉伸。

图3-77　拉伸门槛板

图3-78　拉伸车身的门槛板和中立柱

4）校正后的检查

修理完成后，要对车辆进行最后的检查（图3-79）。在检查时，修理人员要绕着车身四周观察，查看是否有明显的校正错误。如果在车顶线和车门之间出现大的缝隙，就说明还有少量的损坏存在。检查修理顺序，看每一项是否都做好了。如果检查中发现问题，应马上将车身固定起来，重新进行拉伸，不要等到更多的修理程序完成之后，又发现损坏，再来修理。检查时应该注意：检查车门与门槛板的空隙，应该是一条又直又窄的缝隙；检查整个车身上部所有部位总的平整情况；然后开、关车门，掀、关发动机舱盖和行李箱盖，看开关时是否感觉过紧。最终检查完毕后，汽车可留在校正平台上，重新装上那些修理前被取下的部件，然后从校正平台上移下来。

图 3-79 对校正后的车身进行检查

2. 车身前部碰撞变形校正

（1）车身损坏分析确定拉伸程序。通过碰撞位置可知车身左前方受到碰撞，散热器框架和前纵梁受到严重损坏，前立柱也向后变形，这就需要按照与碰撞方向相反的方向对左前纵梁和左前立柱进行拉伸，在左前立柱尺寸恢复后，再把需要恢复的左前纵梁拆除，然后修复右前挡泥板和右前纵梁。

（2）拆下车轮，然后将轮毂安装车轮支架（图3-80），把支架放到拖车器上，通过牵引器把汽车拖到校正平台上，车身前部放在校正平台的前部。

图 3-80 安装车轮支架

（3）通过主夹具安装固定车身，用千斤顶把车身举起，车身裙边也放到主夹具钳口内，然后固定住夹具，使车身和平台成为刚性连接。

（4）进行前保险杠、翼子板、水箱框架、引擎盖、水箱、大灯及相关部件的拆卸，然后拆卸发动机舱中的机械部件，同时还要拆除仪表板、内饰板等附件。

（5）进行水箱框架的预拉伸（图3-81），然后用切割锯将水箱框架切除，然后拆卸水箱等。

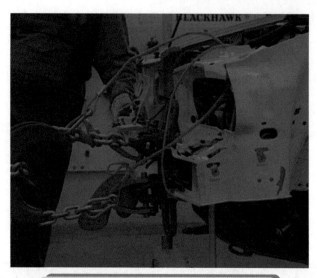

图 3-81 水箱框架的预拉伸

(6) 钻除前纵梁根部焊点，先用打磨机将防锈涂层打磨掉，然后用钻头钻去焊点。

(7) 进行车身测量，记录前部所有关键测量点和变形数据。

(8) 对前挡泥板进行拉伸。通过拉伸前纵梁产生一定变形后保持拉力，然后锤击变形部位（图3-82），以消除应力，泄压放松拉力，检查变形恢复情况，再重新拉伸保持放松应力，直到变形部位尺寸恢复到标准数据误差范围内。

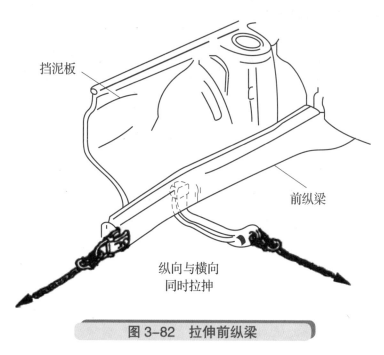

图 3-82 拉伸前纵梁

(9) 对前立柱进行校正。在安装部位附近截断内加强板和纵梁，在主要损伤部位附近夹紧，然后进行拉拔。在对前立柱向前进行拉拔的同时，还可以用一个便携式油缸从内侧撑顶。

(10) 车身校正好后，进行更换部件的安装。安装前纵梁、挡泥板、水箱框架。安装时要按原来痕迹进行安装，先定位车身板件，举升纵梁到安装标记部位，用大力钳定位，把水箱框架安装到纵梁上，然后测量数据，并把数据调到误差范围内。

（11）安装翼子板和发动机舱盖，检查外部板件间的间隙是否均匀，先进行临时安装。

（12）做好定位标记后拆下翼子板和引擎盖，重新测量数据，确定无变化后，进行板件焊接。

（13）焊接好后安装翼子板和引擎盖、大灯、保险杠、水箱等部件。

（14）测量无误后，收拾工具设备，清洁场地。

考核评价

考核评价表

评价内容		评价标准	权重/分	得分
任务完成情况	任务1	典型车身损伤判断	12	
	任务2	相关技术标准考核	10	
	任务3	判断损伤	10	
	任务4	工具认知	18	
	任务5	损伤区域的判定	16	
	任务6	修复操作	24	
职业素养		安全操作，7S管理，良好的职业道德，具有团队合作精神	10	
评价者签名			总分	

项目 4

车身非金属件损伤修复

> **教学目标**
>
> **学习目标**
> 1. 了解非金属件概况；
> 2. 掌握非金属件的相关技术标准。
>
> **能力目标**
> 掌握几种典型易损非金属件的拆卸与安装。
>
> **素养目标**
> 1. 过程安全规程养成。
> 2. 养成良好的人际沟通能力与团队协作精神。

三十五年坚守甘为螺丝钉——孙滨生

任务 4.1　塑料件损伤修复

✎ **任务情境**

　　塑料件主要有保险杠等。现代轿车追求与车体造型的和谐与统一，追求自身的轻量化。为了达到这个目标，轿车的前后保险杠均采用塑料材质，称为塑料保险杠。

47

任务分析

塑料保险杠由外板、缓冲材料和横梁三部分组成。其中,外板和缓冲材料由塑料制成,横梁用厚度为 1.5mm 左右的冷轧薄板冲压而成 U 形槽;外板和缓冲材料附着在横梁上,横梁与车架纵梁用螺钉连接,可以随时拆卸下来。这种塑料保险杠大多使用聚酯系和聚丙烯系两种材料,采用注射成型法制成。国外还有一种称为聚碳酯系的塑料,渗进合金成分,采用合金注射成型的方法,加工出来的保险杠不但具有高强度的刚性,还具有可以焊接的优点,而且涂装性能好,在轿车上的使用越来越多。

知识解读

1. 保险杠的作用与结构

汽车前保险杠主要起到保护前车身的作用,但对现代轿车而言,还要追求车身造型和谐统一,实现自身的轻量化。前保险杠具有强度、刚性和装饰性。从安全上看,汽车发生碰撞事故时能起到缓冲作用,保护前车体;从外观上看,可以很自然地与车体结合在一块,浑然一体,具有很好的装饰性,成为装饰轿车外形的重要部件。

汽车前保险杠由前保险杠本体、前保险杠加强件分总成、下散热器格栅等组成。

汽车后保险杠主要起到保护后车身的功能,由后保险杠总成、后保险杠加强件分总成、后保险杠左右臂分总成等组成。

2. 技术标准与要求

（1）操作过程中,应尽量避免拆装时划伤保险杠面漆。

（2）学生必须穿戴必要的防护用品,以免发生意外。

（3）拆装过程中,要特别注意掌握合适的力度,禁止粗暴操作,损坏零部件,影响再次使用。

（4）在内饰件的拆装过程中,要注意保护表面装饰件不被划伤。

（5）前保险杠加强件分总成固定螺栓的拧紧力矩为 50N·m。

（6）安装完成后,检查发动机盖与前保险杠总成的配合间隙,间隙应为 –1.5 ~ 1.5mm。

（7）前翼子板总成与前保险杠总成的配合间隙应小于 3mm。

任务实施

1. 前期准备

（1）参训学生将工位清理干净,排除障碍物,准备好相关的工具、物品等（图 4-1）。

> **小贴士**
>
> 培养良好的工作习惯,做好事前准备,有利于安全操作和提高工作效率。

图4-1 清理工位

（2）1号打开汽车左前门，拉紧驻车制动器，并将变速器置于空挡位。

☺ 小贴士

为保证车辆在工位上的可靠停驻，防止出现溜滑，造成安全事故，要拉紧驻车制动器并将变速器置于空挡位。

2. 打开机舱盖

（1）2号打开汽车左前门，拉起发动机舱盖锁控制拉杆分总成（图4-2）。

☺ 小贴士

发动机舱盖锁控制拉杆为塑料件，拉起时用力要适度，防止将拉索拉断，造成器件损坏。

（2）1号用一手微微拉起发动机舱盖（图4-3），另一手伸进发动机舱盖缝隙中，用手顶起发动机舱盖锁总成活动扣。

☺ 小贴士

发动机舱盖锁总成为二级锁止机构，一级锁钩由拉索控制，二级锁钩为机械装置。

图4-2 拉起发动机盖锁控制拉杆分总成

图4-3 微微拉起机舱盖

（3）1号用手撑起发动机舱盖，并将发动机支撑杆插入发动机舱盖支撑孔内（图4-4）。

☺ 小贴士

将支撑杆插入发动机舱盖支撑孔时，要保证接触可靠，否则，发动机舱盖滑落会造成人身伤害。

（4）1号将蓄电池负极端子电缆拆除（图4-5）。

> **小贴士**
> 操作过程中，断开蓄电池负极端子电缆，以免损坏电气设备。

图4-4 支撑发动机舱盖

图4-5 拆除蓄电池负极端子

3. 拆卸散热器上空气导流板

（1）2号将卡扣专用拆卸工具递给1号（图4-6）。

（2）1号使用卡扣专用拆卸工具撬起锁扣，并将其取下递给2号（图4-7）。

> **小贴士**
> ①散热器上空气导流板锁扣共6颗。
> ②将专用工具扣入锁扣并撬起，用力要适度，防止损坏卡扣。

图4-6 传递卡扣专用拆卸工具

图4-7 撬起锁扣

（3）取下散热器上空气导流板（图4-8）。

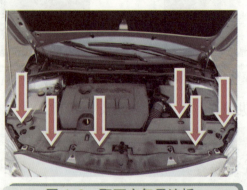

图4-8 取下空气导流板

（4）2号将十字旋具递给1号（图4-9）。

（5）1号使用十字旋具拧松散热器格栅防护罩连接螺钉（图4-10），并将其取下递给2号。

> 😊 小贴士
>
> ①散热器格栅防护罩连接螺钉共2颗，左右各1颗。
>
> ②拧松螺钉时，要使十字旋具与螺钉保持垂直，防止螺钉在拧松时偏斜，损坏螺钉孔。

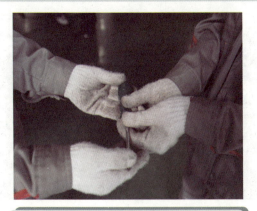

图4-9　传递十字旋具

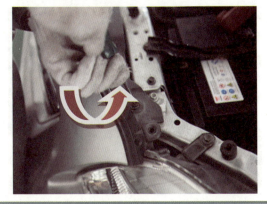

图4-10　拧下散热器格栅防护罩连接螺钉

4. 拆卸前保险杠总成

（1）1号使用十字旋具拧松前翼子板外接衬板连接螺钉，并将其取下递给2号（图4-11）。

> 😊 小贴士
>
> ①前翼子板外接衬板连接螺钉共2颗，左右各1颗。
>
> ②拧松螺钉时，要使十字旋具与螺钉保持垂直，防止螺钉在拧松时偏斜，损坏螺钉孔。

（2）2号将ϕ10mm套筒、接杆、棘轮扳手组合后递给1号（图4-12）。

图4-11　拧下前翼子板外接衬板连接螺钉

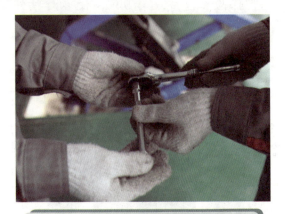

图4-12　传递工具

（3）1号使用ϕ10mm套筒、接杆、棘轮扳手，拧松发动机舱底盖板6颗螺钉，并将其取下递给2号（图4-13）。

> 😊 小贴士
>
> 拧松螺钉时，要使套筒与螺钉保持垂直，防止螺钉在拧松时偏斜，损坏螺钉孔。

（4）1号和2号共同用双手扶住保险杠总成端角，往外侧轻拉，将总成与前保险杠支撑架脱离（图4-14）。

> 😊 小贴士
> ①保险杠总成为塑料件，拉动时用力适度，防止损坏保险杠总成。
> ②用力点应是保险杠上端的手，轻轻往外侧拉动。

图4-13　拧下发动机舱底盖板螺钉

图4-14　往外侧轻拉保险杠总成

（5）1号和2号配合，将保险杠总成沿车头相反方向移出（图4-15）。

> 😊 小贴士
> ①移出时，二人配合要默契，不能一人快一人慢。
> ②雾灯连接线长度有限，不能移出过多，动作用力要适度。

（6）1号、2号同时将雾灯连接器插件拔出（图4-16）。

> 😊 小贴士
> 将保险杠总成反转90°，使雾灯插件朝上，用一只手扶住保险杠总成，另一手拔出雾灯连接器插件。

图4-15　配合将保险杠总成移出

图4-16　拔出雾灯连接器插件

（7）1号、2号共同将保险杠总成放于保险杠支撑架上（图4-17）。

> 😊 小贴士
> 调整好保险杠支撑架宽度，将保险杠总成放上去时，防止卡扣连接处卡在支撑架上。

（8）1号拆卸前保险杠减震器（图4-18）。

😊 **小贴士**

减震器为泡沫材料，取下时，防止损坏。

图4-17 将保险杠总成放于支撑架上

图4-18 拆卸前保险杠减震器

5. 拆卸散热器格栅

（1）1号使用卡扣专用拆卸工具，将散热器格栅的3个卡扣撬出（图4-19）。

😊 **小贴士**

卡扣为塑料件，撬动时用力要适度，防止撬断，损坏器件。

（2）1号将散热器格栅沿卡扣相反方向移出，移出时保证散热器格栅与保险杠平行，取下散热器格栅（图4-20）。

😊 **小贴士**

散热器格栅为塑料材质，取出过程中，如遇卡滞现象，不能硬拉，防止断裂。

图4-19 撬出散热器格栅卡扣

图4-20 移出散热器格栅

6. 拆卸雾灯总成

（1）1号使用十字旋具拧下雾灯固定螺钉，并将其取下，同时取下雾灯总成（图4-21）。

😊 **小贴士**

拧松螺钉时，要使十字旋具与螺钉保持垂直，防止螺钉在拧松时偏斜，损坏螺钉孔。

（2）1号取下雾灯总成（图4-22）。

> **小贴士**
> 松开固定螺钉后，雾灯总成会脱离保险杠护围，拆卸时，要用一手托住雾灯总成。

图4-21　拧下雾灯固定螺栓

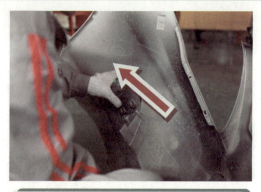

图4-22　取下雾灯总成

（3）1号、2号共同将保险杠护围反转放于保险杠支撑架上（图4-23）。

> **小贴士**
> ①反转保险杠护围放于保险杠支撑架上，防止掉落、划伤，造成漆膜损伤。
> ②便于对损伤部位的检查和修复。

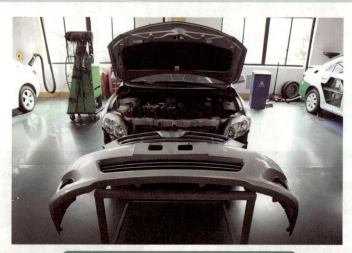

图4-23　将保险杠护围放于支撑架上

7. 安装雾灯总成

（1）1号、2号共同将保险杠护围反转，放于保险杠支撑架上，并安装雾灯总成（图4-24）。

> **小贴士**
> ①将雾灯总成卡扣装进保险杠护围雾灯支架内。
> ②用手托住雾灯，不能使其有移动。
> ③雾灯有左右之分，要注意区分。

（2）1号、2号共同使用十字旋具拧紧雾灯固定螺钉（图4-25）。

> 😊 小贴士
>
> 拧紧螺钉时，要使十字旋具与螺钉保持垂直，防止螺钉在拧紧时偏斜，损坏螺钉孔。

图4-24 安装雾灯总成

图4-25 拧紧雾灯固定螺钉

8. 安装散热器格栅

（1）1号将散热器格栅沿保险杠护围方向，对准卡扣位置装入（图4-26）。

> 😊 小贴士
>
> 装入记号标志，以卡扣能卡进槽内为准。

（2）1号用手掌按住卡扣外侧，用适当的力度往里按进卡扣（图4-27）。

> 😊 小贴士
>
> ①散热器格栅为塑料材质，安装时用力要适当，防止损坏。
> ②卡扣安装到位时，能听到"嗒"的声响。

图4-26 安装散热器格栅

图4-27 按进卡扣

9. 安装前保险杠总成

（1）1号将前保险杠减震器扣于保险杠上（图4-28）。

> 😊 小贴士
>
> ①保险杠减震器有4个凸起点，将四点位置扣入保险杠定位点时，注意区分上下位置。
> ②减震器为泡沫材质，扣入时，防止损坏。

（2）1号、2号同时将雾灯连接器插件插入（图4-29）。

> 😊 **小贴士**
> ①将保险杠护围反转90°，使雾灯插件朝上。用一只手扶住保险杠护围，另一手插入雾灯连接器插件。
> ②安装到位时，能听到"嗒"的声响。

图4-28　扣入前保险杠减震器

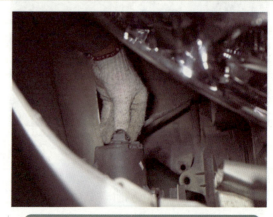

图4-29　插入雾灯连接器插件

（3）1号、2号共同把保险杠总成从支撑架上抬下，并配合沿车头方向装入（图4-30）。

> 😊 **小贴士**
> 装入时，先将散热器格栅扣于散热器支架上，用一只手扶住，另一手握住端部，将上边缘扣入侧支撑部件中。

（4）1号、2号共同用双手扶住保险杠总成端角，向内侧轻按，将保险杠总成6个卡爪卡入前保险杠支撑架内（图4-31）。

> 😊 **小贴士**
> 将卡爪装入支撑架时，能听到"嗒"的声响。保险杠总成安装到位后，应与前翼子板、前大灯总成保持在同一平面上。

图4-30　装入保险杠总成

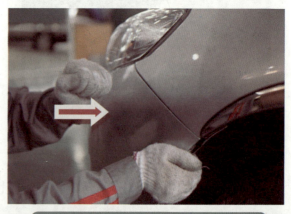

图4-31　卡入保险杠总成卡爪

（5）2号将蓄电池负极电缆临时连接到蓄电池负极上（图4-32）。

😊 小贴士

①将蓄电池通电，主要为检查雾灯总成能否正常运行。

②1号检查雾灯总成运行情况后，立即将蓄电池负极电缆拆除。

（6）1号拉开左前门进入驾驶室，将点火钥匙置于"ON"位，并打开大灯和雾灯控制开关（图4-33）。2号观察雾灯是否点亮。

图4-32 临时连接蓄电池负极电缆

图4-33 打开大灯和雾灯开关

（7）1号、2号共同检查前保险杠总成与前翼子板总成的配合间隙（图4-34）。

😊 小贴士

安装到位后，前保险杠总成与前翼子板总成的间隙应小于3mm。

（8）1号使用φ10mm套筒、接杆、棘轮扳手，拧紧发动机舱底盖板6颗螺钉（图4-35）。

😊 小贴士

拧紧发动机底盖板螺钉时，要使螺钉保持垂直，防止拧紧过程中发生偏斜，损坏螺钉孔。

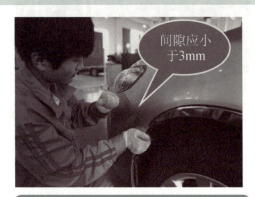

图4-34 检查配合间隙

图4-35 拧紧发动机舱底盖板螺钉

（9）1号使用十字旋具拧紧前翼子板外接衬板连接螺钉（左右各有一颗）（图4-36）。

😊 小贴士

拧紧螺钉时，要使螺钉保持垂直，防止拧紧过程中发生偏斜，损坏螺钉孔。

图 4-36　拧紧前翼子板外接衬板连接螺钉

10. 安装散热器上空气导流板

（1）1号使用十字旋具拧紧散热器格栅防护罩2颗连接螺钉（图4-37）。

小贴士

拧紧螺钉时，要使螺钉保持垂直，防止拧紧过程中发生偏斜，损坏螺钉孔。

（2）2号把散热器上空气导流板递给1号，装入散热器格栅与散热器支架，并固定卡扣（图4-38）。

小贴士

散热器上空气导流板卡扣共6颗。

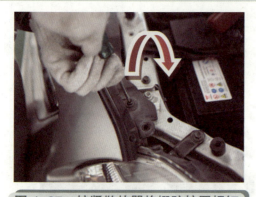

图 4-37　拧紧散热器格栅防护罩螺钉

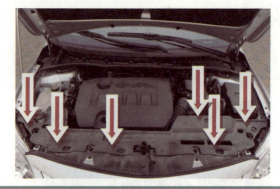

图 4-38　装入散热器格栅与散热器支架并固定卡扣

11. 整理工位

1号、2号共同清理、整理工具等，清扫地面。

小贴士

任务完成后，要做好工位的清扫工作，工具全部归位，养成良好的工作习惯

钣金大工匠"一生只做一件事"——林杰

任务 4.2 其他非金属件损伤的修复

任务情境

其他非金属件主要包括后视镜、车窗玻璃升降器等。汽车后视镜属于重要安全件，它的镜面、外形和操纵都颇讲究。以安装位置划分，后视镜可分为外后视镜、下后视镜和内后视镜。以用途划分，外后视镜反映汽车后侧方，下后视镜反映汽车前下方，内后视镜反映汽车后方及车内情况。用途不一样，镜面结构也会有所不同。后视镜镜面主要有两种，一种是平面镜，用术语表述就是"表面曲率半径 R 无穷大"，这与一般家庭用镜一样，可得到与目视大小相同的影像，这种平面镜也常用做内后视镜。另一种是凸面镜，镜面呈球面状，具有大小不同的曲率半径，它的影像比目视小，但视野范围大，与照相机的"广角镜"的作用类似，这种凸面镜常用做外后视镜和下后视镜。

任务分析

实施该任务需要了解后视镜总成的组成结构及作用，掌握后视镜总成拆装的方法和工艺过程，能够运用所学知识对不同类型的后视镜总成进行正确的拆装。

知识解读

1. 后视镜的作用与结构

汽车后视镜反映汽车后方、侧方和下方的情况，使驾驶者可以间接看清楚这些位置的情况，它起着"第三只眼睛"的作用，扩大了驾驶者的视野范围。

汽车后视镜总成，一般由后视镜玻璃和后视镜总成两个部件组成。根据操控方式不同，又可分为电动后视镜和手动后视镜。

2. 技术标准

（1）学生必须穿戴相应的劳保用品（棉丝手套、安全鞋），以免发生安全事故。

（2）拆装前先将电瓶断电，以免损坏用电设备。

（3）使用一字旋具或卡扣专用拆卸工具，拆卸时要注意保护漆面，防止损伤漆膜。

（4）拆装过程中，要特别掌握合适的力度，禁止野蛮操作，防止损坏零部件。

任务实施

1. 事前准备

（1）1号位于工位前方，进行操作准备（图4-39）。

2号检查防护用品、工具的摆放，传递防护用品和工具给1号，整理1号不用的防护用品和工具。

> 小贴士
>
> 学生操作时，必须做好安全防护。

（2）1号将汽车车门打开（图4-40）。

> 小贴士
>
> 开启车门时必须佩戴棉丝手套，防止汗液等腐蚀金属把手表面。

图4-39 进行操作准备

图4-40 打开车门

（3）1号将车门完全开启（图4-41）。

> 小贴士
>
> 完全开启车门有利于学生操作以及其他学生参观学习。

（4）1号打开发动机舱盖，并将蓄电池负极端子电缆拆除（图4-42）。

> 小贴士
>
> 操作过程中，应断开蓄电池负极端子电缆，以免损坏电气设备。

图4-41 完全开启车门

图4-42 拆除蓄电池负极端子电缆

2. 车门内把手及扶手座总成拆卸

略，见任务一。

3. 车身内饰板总成拆卸

略，见任务一。

4. 下门框支架装饰盖拆卸

（1）2号将一字旋具递给1号（图4-43）。

> 😊 **小贴士**
> 一字旋具主要用于撬开下门框支架装饰条。最好使用胶带将一字旋具包裹起来以免划伤车身漆面。

（2）1号使用一字旋具从下门框支架装饰条边缘处插入，撬出后可用手将下门框支架装饰盖取下（图4-44）。

> 😊 **小贴士**
> ①下门框支架装饰盖为塑料制品，撬动时，要掌握好力度以免损伤塑料件。
> ②撬动前，可在车门框与下门框支架装饰盖边缘垫上软质物品，防止损伤下门框漆膜。

图4-43 传递一字旋具

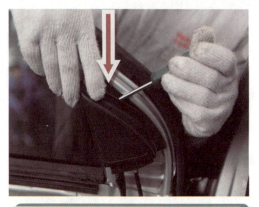

图4-44 插入一字旋具

（3）1号使用一字旋具按下扬声器连接器锁止卡扣，并拔出连接器，取下下门框支架装饰条（图4-45）。

> 😊 **小贴士**
> 扬声器装于下门框支架装饰条内侧，连接器未拆卸时，禁止大幅度拉扯，以免将控制线路损坏。

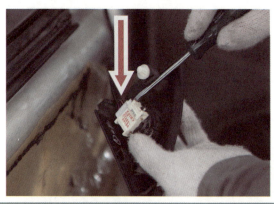

图4-45 用一字旋具按下扬声器连接器锁止卡扣

5. 后视镜总成拆卸

（1）1号用手抵住后视镜线束连接器锁止扣，并将后视镜线束拔下（图4-46）。

> **小贴士**
> ①在连接器锁止扣未解锁状态下，不能拉拔线束，防止损坏。
> ②如果连接器锁止扣配合较紧，可使用一字旋具轻轻撬动拆卸。

（2）2号将φ10mm套筒、接杆、棘轮扳手组合后递给1号（图4-47）。

图4-46　拔下后视镜线束　　　　　　图4-47　传递工具

（3）1号使用φ10mm套筒、接杆、棘轮扳手拧松后视镜总成3颗固定螺钉（图4-48），由2号配合扶住后视镜。

> **小贴士**
> 拆卸后视镜总成固定螺钉时，注意要交叉均匀地分两次拧松，并注意套筒与螺钉要完全咬合，防止拆卸中造成工具以及螺钉的变形。

（4）1号用手抵住后视镜总成临时固定扣（图4-49），将后视镜总成与门框分离。

> **小贴士**
> ①临时固定扣采用塑料材质制成，扳动时，用力要适当，防止扳断。
> ②如果临时固定扣配合较紧，可微微抬高后视镜总成，方便拆卸。

图4-48　拧松后视镜总成固定螺钉　　　图4-49　用手抵住后视镜总成临时固定扣

（5）1号用手握住后视镜总成，将后视镜总成线束从门框线束座孔中抽出，取下后视镜总成（图4-50）。

😊 **小贴士**
从线束座孔中抽出后视镜总成线束时，禁止拉扯，防止拉断线束。

图4-50 抽出后视镜总成线束

6. 安装后视镜总成

（1）1号用手握住后视镜总成，将后视镜总成线束从门框线束座孔中穿入（图4-51）。

😊 **小贴士**
将后视镜总成线束穿入座孔前，先要调整好后视镜的正反方向。

（2）1号将后视镜总成临时固定扣按入门框（图4-52）。

😊 **小贴士**
①将后视镜总成临时固定扣扣入门框，安装到位后，能听"嗒"的声响。
②临时固定扣采用的料件不能承受大的冲击力，安装到位后，禁止用力扳动后视镜总成。

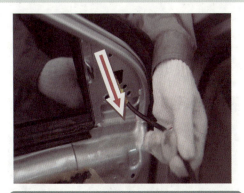

图4-51 穿入后视镜总成线束

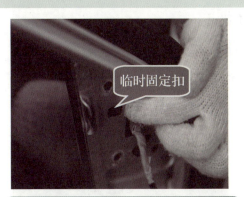

图4-52 按入后视镜总成临时固定扣

（3）1号轻轻移动后视镜总成，对准螺钉孔，并用手拧入后视镜总成的3颗固定螺钉（图4-53）。

😊 **小贴士**
用手拧入固定螺钉时如果螺纹难以拧进，应检查螺钉和螺钉孔是否有损伤，如果有损伤应进行更换。

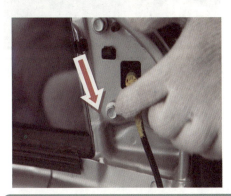

图4-53 拧入后视镜总成固定螺钉

（4）2号将φ10mm套筒、接杆、棘轮扳手组合后递给1号（图4-54）。

（5）1号使用φ10mm套筒、接杆、棘轮扳手组合拧紧后视镜3颗固定螺钉（图4-55）。

😊 小贴士

①安装后视镜总成固定螺钉时，注意要交叉均匀地分两次拧紧，防止后视镜扭曲变形。

②后视镜总成固定螺钉拧紧力矩为9N·m。

图4-54 传递工具

图4-55 拧紧后视镜总成固定螺钉

（6）1号将后视镜总成线束连接器插入连接器座孔（图4-56）。

😊 小贴士

将后视镜总成线束连接器插入线束座孔，安装到位后，能听到"嗒"的声响。

（7）2号将蓄电池负极电缆临时连接到蓄电池负极上（图4-57）。

😊 小贴士

①将蓄电池通电，主要为了检查后视镜总成是否能正常运行。

②1号检查后视镜总成运行情况后，2号立即将蓄电池负极电缆拆除。

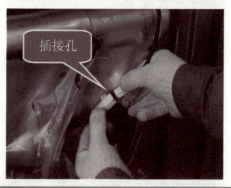

图4-56 将后视镜总成线束插入座孔

图4-57 临时连接蓄电池负极电缆

（8）1号将点火开关置于"ON"位（图4-58）。

（9）1号按动后视镜控制按钮（图4-59），并观察后视镜总成是否能上下、左右正常运行。

😊 小贴士

①如果后视镜总成不能正常运行，则参照维修手册，进行检查。

②如果检查结果是电路故障，交由电工维修。

图 4-58 将点火开关置于"ON"位

图 4-59 按动后视镜控制按钮

7. 安装下门框支架装饰盖

（1）1号将扬声器分总成线束连接器插入扬声器分总成连接器座孔内（图4-60）。

> 😊 **小贴士**
> 将扬声器分总成线束连接器插入线束座孔，安装到位后，能听到"嗒"的声响。

（2）1号将下门框支架装饰盖固定扣对准孔位置，用手将其按入（图4-61）。

> 😊 **小贴士**
> 将下门框支架装饰盖固定扣安装到位后，能听到"嗒"的声响。

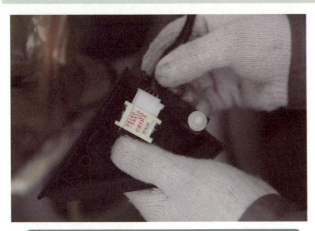

图 4-60 插好扬声器分总成线束连接器

图 4-61 按入下门框支架装饰盖固定扣

8. 清洁整理工位

1号、2号共同清理工位、整理工具等，清扫地面。

> 😊 **小贴士**
> 任务完成后，要做好工位的清洁工作，工具全部归位，养成良好的工作习惯。

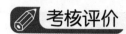 考核评价

考核评价表

评价内容		评价标准	权重/分	得分
任务完成情况	任务1	对非金属件的认知	12	
	任务2	非金属件损伤判断	10	
	任务3	相关技术标准	10	
	任务4	后视镜总成拆卸安装	19	
	任务5	安装下门框支架装饰盖	19	
	任务6	门把手总成拆卸	20	
职业素养		安全操作，7S管理，良好的职业道德，具有团队合作精神	10	
评价者签名			总分	

项目 5

车身损伤部件更换

> **教学目标**
>
> **学习目标**
> 了解行李箱盖部件的构成。
>
> **能力目标**
> 1. 能够进行行李箱盖的整件更换。
> 2. 能够进行行李箱盖的局部更换。
>
> **素养目标**
> 1. 过程安全规程养成。
> 2. 养成良好的工作质量和效率意识。

细节、技术控——杨金龙

任务5.1 行李箱盖的整件更换

📝 任务情境

整件更换主要是行李箱盖、保险杠等。行李箱盖是用两个冲压成形的冷轧钢板经翻边、胶黏制成的。行李箱盖结构与发动机舱盖相同,要求有良好的刚性,也有外板和内衬板,内衬板上有加强筋。一些被称为"二厢半"的轿车，其行李箱向上延伸，包括后挡风玻璃在内，使开启面积增加，形成一个门，因此又称为背门，这样既能保持一种三厢车的形状，又方便存放物品。

任务分析

如果采用背门形式，背门内板侧要嵌装橡胶密封条，围绕一圈以防水和防尘。行李箱盖开启的支撑件一般采用钩形铰链及四连杆铰链，铰链装有平衡弹簧，使开启和关闭行李箱盖更省力，并可自动固定在打开位置，便于提取物品。

知识解读

1. 行李箱盖的作用

行李箱是乘客放置随身携带小件行李的场所，要求防尘、防潮、隔热，以保护存于其中的物品。因此，行李箱盖关闭后，需起到防止雨水、灰尘等异物进入行李箱内部的作用；行驶中，要保证行李箱内部的物品不会因各种不良路况被甩出。与此同时，行李箱盖与行李箱要紧密贴合，要有足够的密封性。

2. 行李箱盖的结构

行李箱盖的构造类似于发动机罩，包括外板、内板和加强梁。内板和外板的四周采用折边连接方式，而加强梁和支座是由点焊焊接于行李箱盖上（铰链和支座区域除外）的，将密封胶涂抹于内板和外板的某些间隙之中，以确保外板有足够的张力。

3. 技术标准

（1）行李箱盖不能有变形、腐蚀、锈蚀等现象，且漆面要保证完好，不能有漆膜缺陷。

（2）定心螺栓用来安装行李箱盖铰链和行李箱盖，安装好的铰链和行李箱盖不能有变形。在定心螺栓装好的情况下，不能调整行李箱盖。进行调整时，可用标准螺栓（带垫圈）替换定心螺栓。

（3）行李箱盖与后翼子板之间的标准间隙为 2.5～5.5mm。

（4）调整标准间隙到位后，固定螺栓的拧紧力矩为 7.5N·m。

任务实施

1. 事前准备

（1）学生将工位清理干净，排除障碍物，准备好相关的工具、物品等（图 5-1）。穿戴好防护用品（棉丝手套、工作服），以免对身体和车身造成伤害。

> 😊 小贴士
> 培养良好的工作习惯，做好事前准备，有利于安全操作和提高工作效率。

图 5-1　准备工具

（2）打开汽车左前门，拉紧驻车制动器，并将变速器置于驻车位（图 5-2）。

> 😊 小贴士
> 为保证车辆在工位上的可靠停驻，防止出现溜滑，造成安全事故，要拉紧驻车制动器并将变速器置于空挡位。

（3）逆时针松开螺母，将蓄电池负极端子电缆拆除（图 5-3）。

> 😊 小贴士
> 操作过程中，为避免损坏电气设备，要断开蓄电池负极端子电缆。

图 5-2　拉紧驻车制动器

图 5-3　拆除蓄电池负极端子电缆

2. 打开行李箱盖

（1）打开汽车左前门，拉起行李箱盖控制开关（图 5-4）。

> 😊 小贴士
> ①行李箱盖控制开关在主驾驶室座椅左下方。控制开关为塑料材质，拉起时用力要适度，防止损坏控制开关。
> ②也可用钥匙直接开启行李箱。

（2）打开汽车行李箱盖（图5-5）。

😊 **小贴士**

用手扶住行李箱盖，将行李箱盖轻轻向上翻起，防止猛然弹起，损坏行李箱盖铰链机构；同时也要防止打到人，造成人身伤害。

图5-4　拉起行李箱盖控制开关

图5-5　打开箱盖

3. 拆卸行李箱盖总成装饰罩

（1）准备卡扣专用拆卸工具（图5-6）。

（2）使用卡扣专用拆卸工具，将行李箱盖装饰罩的9个固定卡扣撬出，取下放入专用零件盒（图5-7）。

😊 **小贴士**

①固定卡扣为塑料材质，撬出时用力要适度，防止损坏卡扣。

②固定卡扣为单级固定方式。

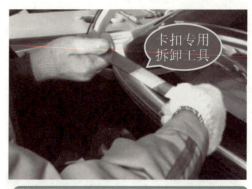

图5-6　准备专用拆卸工具

（3）取下行李箱盖装饰罩（图5-8）。

😊 **小贴士**

行李箱盖装饰罩为塑料材质，取下时，不能折弯，防止损坏。

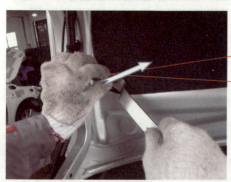

图5-7　撬出行李箱装饰罩固定卡扣

图5-8　取下行李箱盖装饰罩

4. 拆卸行李箱盖锁总成

（1）2号将φ10mm套筒、接杆、棘轮扳手组合后递给1号（图5-9）。

（2）1号使用φ10mm套筒、接杆、棘轮扳手逆时针旋转，拧松行李箱盖锁总成上的2个固定螺栓（图5-10）。

> 😊 小贴士
> ①使用套筒拆卸时，应使套筒与螺栓保持垂直，防止拧松过程打滑，损坏螺栓。
> ②拆卸行李箱盖锁总成固定螺栓时，注意要交叉均匀地分次拧松，防止变形。

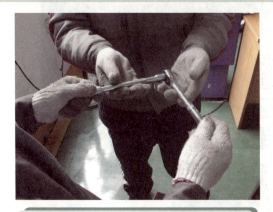

图5-9 传递工具

图5-10 拧松行李箱盖锁总成固定螺栓

（3）用手将行李箱盖门锁控制拉索分总成与门锁总成分离（图5-11）。

> 😊 小贴士
> 行李箱盖锁控制拉索分总成拉线固定点为两点，先将拉索线后固定点从卡扣脱离，然后将"圆"固定扣从门锁总成脱离。

（4）用手将行李箱盖门锁总成机械锁拉杆锁止扣转动脱开，然后取下行李箱盖锁总成（图5-12）。

> 😊 小贴士
> 将拉杆锁止扣转动180°，使拉杆与行李箱盖锁总成呈浮动状态，并将拉杆与总成分离。

图5-11 分离控制拉索分总成与门锁总成

图5-12 脱开机械锁拉杆锁止扣

5. 拆卸行李箱盖线束总成及控制拉索总成

（1）1号使用工具，将左、右后灯盖总成撬开，并取下递给2号（图5-13）。

> **小贴士**
> ① 后灯盖总成为塑料材质，撬出时要沿卡扣相反方向撬动，用力适度，防止损坏卡扣。
> ② 在小一字旋具上缠上胶布，以防旋具头部锋利部分划伤车身底漆。

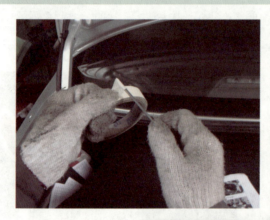

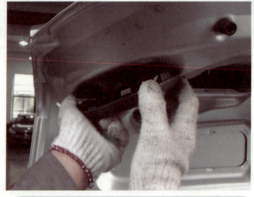

图5-13 取下左右后灯盖总成

（2）1号将左、右后灯盖总成连接器从连接器插孔拔出（图5-14）。

> **小贴士**
> 拆卸后灯盖总成连接器时，要先用手指或者缠绕胶带的小一字旋具将卡扣锁止位置分离，不能硬拔，防止损坏线束和连接器。

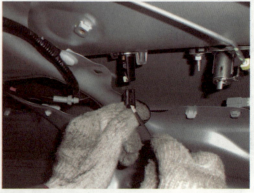

图5-14 拔出左右后灯盖总成连接器

项目5　车身损伤部件更换

（3）拆卸总成线束中各种不同位置的卡扣（图5-15）。

> 😊 **小贴士**
> ①拆卸卡扣，要分析卡扣锁止位置和方式，采取正确的方法将其松脱，不能硬拔，防止损坏卡扣。
> ②要记下各卡扣的安装位置和方式，以免影响安装。

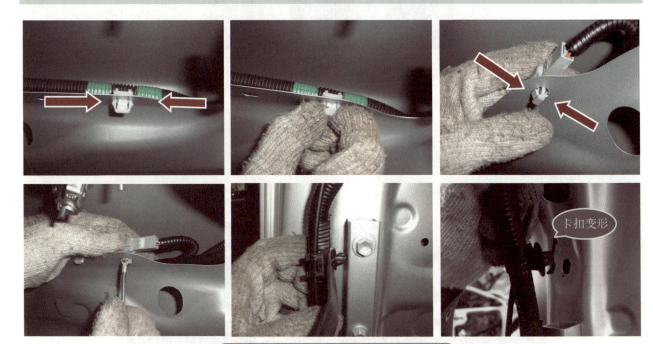

图5-15　拆卸总成线束中的卡扣

（4）将行李箱盖总成线束及控制拉索总成从行李箱结构件中抽出（图5-16）。

> 😊 **小贴士**
> 在抽出线束总成时，因为连接器头部一般比较大，要防止各连接器卡在结构件中，拉坏线束。

图5-16　抽出行李箱盖总成线束及控制拉索总成

6. 拆卸行李箱盖总成

（1）2号将φ10mm套筒、接杆、棘轮扳手组合后递给1号（图5-17）。

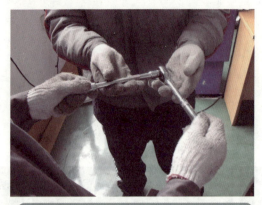

图 5-17 传递工具

（2）使用工具，拧松行李箱盖铰链螺栓。

😊 小贴士

1号拆卸行李箱盖铰链螺栓时，2号用手扶住行李箱盖（图 5-18），防止在拆卸螺栓的过程中，行李箱盖掉落，损坏挡风玻璃。

图 5-18 扶住行李箱盖

（3）1号、2号相互配合将行李箱盖总成移出（图 5-19）。

😊 小贴士

移出行李箱盖总成时，一手扶住行李箱盖总成铰链端，另一手托住上方，两人合力向上移出（图 5-20）。

图 5-19 移出行李箱盖总成　　　　　图 5-20 合力移出行李箱盖总成

7. 安装行李箱盖总成

（1）两人配合将行李箱盖总成抬到安装位置，并用手将铰链螺栓拧进2～3牙，然后用φ10mm套筒、接杆、棘轮扳手预紧行李箱盖铰链螺栓（图5-21）。

> **小贴士**
> 1号安装螺栓时，2号用手扶住行李箱盖总成，防止在操作过程中行李箱盖总成滑落，损坏挡风玻璃。

图5-21 拧好行李箱盖铰链螺栓

（2）1号将行李箱盖总成关闭，检查行李箱盖分总成的宽度间隙。

> **小贴士**
> ①间隙1：行李箱盖总成与后挡风玻璃的间隙为9.2mm；间隙2：行李箱盖总成与后保险杠的间隙为4.5～7.2mm；间隙3：行李箱盖总成与两边翼子板的间隙为2.5～5.5mm，两边应保持一致（图5-22）。
> ②工作年限长了，可以通过手摸，凭感觉判断高低和间隙大小（图5-23）。

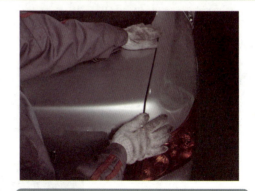

图5-22 行李箱盖分总成的间隙　　图5-23 手摸检查间隙是否合格

（3）1号通过移动行李箱盖总成水平和垂直方向，调整3种间隙（图5-24）。

> **小贴士**
> ①如果间隙没有在标准范围内，应对其进行调整。
> ②安装过程中，首先保证螺栓拧入在原有印痕的初始安装位置中，来减少随意紧固带来的调整工作量。

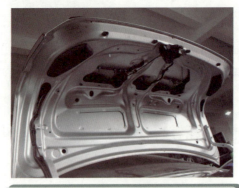

图 5-24 调整间隙

（4）拧紧行李箱盖铰链螺栓，并查阅维修手册，记下扭力，上扭矩（图 5-25）。

> 😊 小贴士
>
> 间隙符合标准后，用数字扭力扳手将螺栓拧紧，拧紧力矩为 7.5N·m。

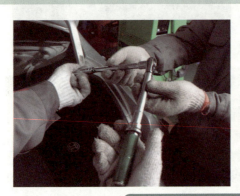

图 5-25 拧紧行李箱铰链螺栓

9. 安装行李箱盖线束总成及控制拉索总成

（1）用手将行李箱盖线束总成及控制拉索总成分别穿入行李箱结构件安装孔（图 5-26），并按原拆卸位置固定卡扣。

> 😊 小贴士
>
> 穿入线束总成及控制拉索总成时，先穿入连接器头部，穿过后，用手捏住头部往里拉。完全穿过后，将固定卡扣按维修手册定位。

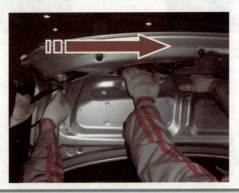

图 5-26 将行李箱盖线束总成及控制拉索总成穿入行李箱结构件安装孔

（2）用手将左、右后灯盖总成连接器插入连接器插孔（包括牌照灯连接器）（图5-27）。

> 😊 小贴士
> ①连接器有正反方向，方向不能互换。
> ②连接器有卡扣装置，插到位时能听到"嗒"的声响。

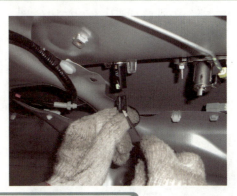

图5-27 将后灯盖总成连接器插入插孔

（3）用手将左、右后灯盖总成盖好（图5-28）。

> 😊 小贴士
> 后灯盖总成为塑料材质，盖入时注意卡扣方向，沿卡扣方向扣入，防止损坏总成。

图5-28 盖好后灯盖总成

9. 安装行李箱盖锁总成

（1）用手将行李箱盖门锁总成机械锁拉杆装入孔内，并将转动锁止扣扣好（图5-29）。

图5-29 安装行李箱盖门锁总成机械锁拉杆

（2）用手将行李箱盖门锁控制拉索分总成装入门锁总成（图5-30）。

> **😊 小贴士**
> 行李箱盖锁控制拉索分总成拉线固定点为两点，先将"圆"固定扣从锁总成扣入，再将拉锁线后固定点扣入。

（3）将行李箱盖锁总成固定在安装位置，用手把两个固定螺栓拧入2～3牙，然后使用 ϕ10mm 套筒、接杆、棘轮扳手预紧行李箱盖门锁总成螺栓（图5-31）。

> **😊 小贴士**
> 用手把两个固定螺栓拧入2～3牙的目的是初步定位，避免直接用工具拧，拧斜造成乱牙。

图5-30 装入行李箱盖门锁控制拉索分总成

图5-31 预紧行李箱盖门锁总成螺栓

（4）使用一字旋具将门锁拉钩按到锁止位置（图5-32），然后拉动行李箱盖控制开关，检查行李箱盖锁总成是否正常。能弹出表示正常，不能弹出，则说明没有安装到位。

> **😊 小贴士**
> 开启行李箱盖锁有两种方式，门锁控制拉索和钥匙直接开锁都要求能正常工作。

（5）使用工具，拧紧行李箱盖锁总成两个固定螺栓（图5-33），并达到规定扭矩。

> **😊 小贴士**
> ①使用套筒拆卸时，应使套筒与螺栓保持垂直，防止拧紧过程打滑，损坏螺栓。
> ②行李箱盖锁总成拧紧力矩为5.5N·m。

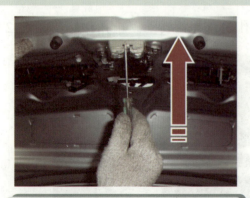
图5-32 检查行李箱盖锁总成

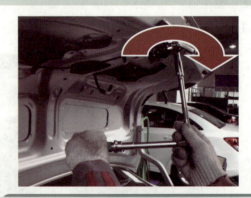
图5-33 拧紧行李箱盖锁总成固定螺栓

10. 安装行李箱盖总成装饰罩

（1）1号将行李箱盖装饰罩放到安装位置（图5-34）。

> **小贴士**
> 行李箱盖装饰罩为塑料材质，安装时，不能折弯，防止损坏。

（2）1号用左手顶住装饰罩，右手将9个固定卡扣安入固定槽内（图5-35）。

> **小贴士**
> 固定卡扣安装到位时，能听到"嗒"的声响。

图5-34 将行李箱盖装饰罩放到安装位置

图5-35 扣入固定卡扣

11. 整理工位

两人共同清理、整理工具等，清扫地面（图5-36）。

> **小贴士**
> 作业项目完成后，要搞好工位的清扫、整理工作，养成良好的工作习惯。

图5-36 整理工位

平凡岗位上的青春风采——张仁普

任务 5.2　行李箱盖的局部更换

📝 任务情境

当车身发生碰撞时，如果损伤只发生在局部，如前后翼子板、车门、发动机舱盖或行李箱盖，可以进行车身局部更换。

拆卸损坏的车身钣金件，可视损坏程度和车辆对修复零件的相关要求，决定单独修复或者报废。

📝 任务分析

对于已经破损的板件，无法修复，进行局部更换，省事、省时并降低成本。

📝 任务实施

1. 车身板件更换要求

当车身板件受到损坏，可用钣金加工手法修复金属板件上的凸起、凹陷、褶皱。当发生以下情况时，需切割后更换。

（1）板件严重弯折，弯曲弧度小于 1/8 弧度或弯曲半径小于 3.2mm 或弯曲角度超过 90°时，则需将其更换。

（2）对于严重腐蚀损坏，更换板件通常是唯一的补救方法。

（3）对于已经破损的板件，无法修复，需要进行局部更换。

（4）结构性板件如能修复就不更换，如损坏严重，才更换。

（5）对于高强度钢板，如保险杠加强件和侧护板门梁，受损后必须更换。在任何条件下，都不能用加热的方法校直高强度钢板。

2. 结构性板件的拆卸

（1）分离电阻点焊焊点。首先确定焊点的位置。为了找到焊点的位置，需去除底漆、保护层或其他覆盖物。可用氧乙炔或氧丙烷焰烧焦底漆，并用钢丝刷刷掉。

为了减少金属板受热应力影响，最好用钢丝砂轮、砂轮机磨除涂料。清除漆膜后，焊点位置仍不清楚时，可用錾子錾开两块板件，即可看见焊点轮廓（图 5-37）。

确定焊点位置后，可使用气动钻或带夹紧装置的焊点转除钻等工具钻除焊点。无论使用哪一种工具分离焊点，都不要切割下面的板件，且要准确地切割焊点，避免产生过大的孔。

（2）分离连续焊缝。在一些板件连接中，板件是用 MIG 焊的连续焊连接的。由于焊缝长，需要用砂轮机分离板件（图 5-38）。握紧砂轮机以 45°角进入焊缝，磨透焊缝而不磨进或磨透板件，磨透焊缝后，用锤子和錾子分离板件。

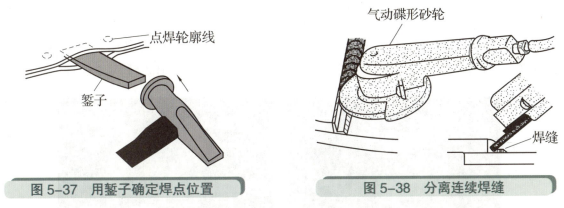

图 5-37　用錾子确定焊点位置　　　　图 5-38　分离连续焊缝

（3）分离钎焊区域。钎焊用于外盖板边缘处或车顶与车身立柱的连接处。通常用氧乙炔焊枪、等离子或氧丙烷焊枪熔化钎焊的金属以分离钎焊区域（图 5-39）。

对于电焊的部位，采用等离子焊最为方便。

 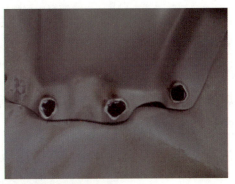

图 5-39　等离子焊分离钎焊钢板

对于电弧钎焊区域，电弧钎焊金属熔化的温度比普通钎焊高，用氧乙炔焊熔化钎焊金属会导致下面板件的损坏，所以通常用切割砂轮机分离钎焊区域（图 5-40）。

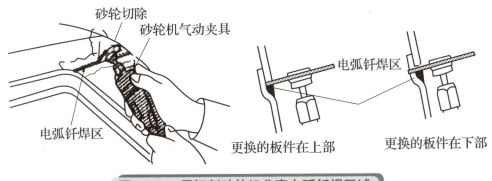

图 5-40　用切割砂轮机分离电弧钎焊区域

3. 车身板件更换前车辆的准备

拆卸损坏的板件后，待修复车辆要做好安装新件的准备（图5-41）。

（1）磨掉点焊区域焊缝痕迹，清除板件连接表面背部的油漆，因为这些部位在安装时要用点焊焊接。

（2）用手锤和垫铁配合，整平板件相配合处的弯曲、翘曲、皱褶等变形，保证焊接时两层板件能很好配合，没有缝隙。

（3）在去除板件连接面上的油漆和腐蚀物后，金属裸露出来，应在金属表面涂上可导电的防锈底漆。因为连接表面不能再进行喷涂，所以焊接前要采用防锈底漆处理。

图5-41 做好安装新件的准备

4. 新板件的准备

新板件都涂有底漆，故必须在焊接接合面上清除底漆，使点焊操作能顺利进行。在不能进行点焊的地方，可钻孔并采用塞焊方法。

对新板件进行切割时（图5-42），需遵循以下原则。

（1）切割部位尽可能选择在构件与构件之间的接合处。

（2）对全承载式轿车而言，切割部位应避开车身设置的挤压区，如发动机舱、行李箱，以及悬架安装位置、尺寸参照基准孔、发动机和传动部件安装位置等。

图5-42 对新板件进行切割

（3）切割部位应避开构件加强板的支撑点，如加强腹板、加强盘等。

（4）切割部位应避开应力集中部位，并使构件切换后不造成新的附加内应力。

（5）切割部位应兼顾到切换作业的难易程度。

（6）用气动锯或砂轮切割机对换新钣金件进行粗切割，切割时换新件。接口处尺寸应比车身接口处尺寸大19~25mm。还可用报废车辆上的未损伤部位作为替代件，但须检查其腐蚀情况，若已锈蚀，则不能再用。

5. 新板件的定位

一般有两种方法定位车身板件：一种是用测量的方式，用测量工具确定安装位置，对结构性板件的定位必须精确，所以常用这种方法；另一种是目测的方式，通过新板件与周围板件之间的相互关系确定位置（图5-43）。

无论是结构板件还是装饰板件的更换，重点都在于配合准确，只有配合准确了，才能保证车身修复精确和美观。

当新换件在车身上定位时，为防止新件错位和移动，可用大力钳、临时点焊等方法。若不能使用夹钳固定，则可采用自攻螺钉固定，待焊接后，再拆下自攻螺钉，并将螺钉孔用点焊填满。

图5-43 新板件的定位

6. 车身防腐

腐蚀或锈蚀是一种氧化反应，氧气、暴露在空气中的金属、水蒸气是导致腐蚀的三个因素。目前汽车制造企业通过精心设计，并运用先进的制造工艺，对汽车各部件都做了防锈处理，基本上可以保证长期使用不生锈。如果对汽车维护不正确或经常在特殊环境中使用就容易破坏防锈层，造成汽车车身生锈。

（1）引起腐蚀的因素。即使很小心地保护车辆，防腐保护涂层仍然可能被损坏。这种损坏通常由下列因素引起：①漆膜失效；②碰撞损伤；③维修过程中的破坏。

（2）防腐材料。防腐材料可分为以下四大类。

①防腐化合物。一般用于车身底部和内部板件上，以使其渗入车身缝隙和接缝处，产生柔顺的保护膜（图5-44）。

②缝隙密封剂。一般用于防止水、泥和烟穿过板件接缝，在防止相邻表面之间的腐蚀方面起到很好的作用。

③焊接底漆。一般用于两个焊接零件的连接部位（图5-44）。

④腐蚀转化剂。对于不能完全清理干净的部位，使用腐蚀转化剂能起到很好的保护效果。

（3）维修时的防腐保护。为了保证防腐效果，防腐层必须施涂到干净的金属表面上，而且涂层必须紧密，不能有裂痕（图5-45）。在进行车身修复时，应遵循以下要求：尽量保留原有涂层；使用转化涂层，在钢板表面产生磷酸锌涂层；在焊接部位的裸金属上涂抹焊接底漆；

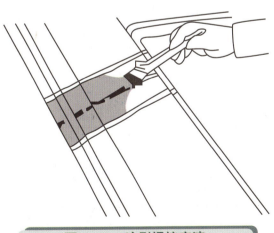

图5-44 涂刷焊接底漆

不要混用不同厂家的防腐产品。

（4）施涂防腐材料（图5-46）。施涂防腐材料时一定要小心，防腐材料应当远离传热零部件、电器部件、标牌、识别码和活动的零部件。对于外露的车身板件，防腐程序一般如下。

①用除蜡剂、除脂剂清洁金属表面。根据情况去除隔音材料，因为它会储存水蒸气而引起腐蚀。

②用磷化底漆或环氧树脂底漆打底。

③在施涂好的底漆部位涂抹密封剂，喷涂油漆。

图5-45　防腐涂层

图5-46　施涂防腐材料

考核评价

考核评价表

评价内容		评价标准	权重/分	得分
任务完成情况	任务1	了解行李箱部件	12	
	任务2	掌握技术标准	10	
	任务3	拆卸行李箱盖总成装饰罩	17	
	任务4	拆卸安装行李箱盖锁总成	17	
	任务5	拆卸安装行李箱盖总成	17	
	任务6	拆卸安装行李箱盖线束总成及控制拉锁总成	27	
职业素养		安全操作，7S管理，良好的职业道德，具有团队合作精神	10	
评价者签名			总分	

项目 6

车身涂装

教学目标

学习目标

1. 了解底材处理与底漆喷涂基本知识。
2. 了解原子灰刮涂与处理基本知识。
3. 了解中涂漆喷涂与处理基本知识。
4. 了解面漆喷涂与处理基本知识。

能力目标

1. 能够进行底材处理与底漆喷涂。
2. 能够进行原子灰刮涂与处理。
3. 能够进行中涂漆喷涂与处理。
4. 能够进行面漆喷涂与处理。

素养目标

1. 过程安全规程养成。
2. 具备汽车外观装饰美化的鉴赏能力。

从大山走向世界——蒋应成

任务 6.1　底材处理与底漆喷涂

📝 任务情境

一车主驾车来到某 4S 店，告知维修业务接待员其车身部分漆面受损，询问如何处理。维修业务接待员在经过初步检查后发现漆面损伤程度严重，告知车主需要进行汽车漆面修补涂装，并下了涂装修补工单。

任务分析

在进行汽车修补涂装之前需要对原车钣金件及底材进行必要的处理，汽车清洗后要仔细检查车身漆面，寻找漆膜破损处，如气泡、龟裂、脱落、锈蚀及修理过程中引起的损坏。底材处理质量，将直接影响涂层质量。经过处理的底材无油、无锈、无其他污物，并具有一定的表面粗糙度，这样能增强附着力、减少缺陷、提高修补质量。

知识解读

1. 底漆喷涂的基础知识

底漆是直接涂覆于施工物体表面的涂料。它是涂装工件表面的基础用料，既是腻子层中间的用料，又是底层涂料与面层涂料的连接用料。根据其使用目的可分为头道底漆、头二道合用底漆、二道底漆、表面封闭底漆等。

（1）头道底漆：颜料含量最低，填充性能较弱，具有较强的附着力，较难被砂纸打磨。

（2）头二道合用底漆：颜料含量比头道底漆多，相对来说，胶黏剂含量较少，附着力不如头道底漆强，但具有较强的填充性能，往往被用作单独的底漆，也可充作头道底漆。

（3）二道底漆：具有最高的颜料含量，它的功能是填塞针孔、细眼等，具有良好的打磨性。

（4）表面封闭底漆：含颜料成分较少，主要用于填平打磨痕迹，给面层涂料提供最大光滑度，使面层涂料丰满，并可防止产生失光、斑点等现象。

2. 空气喷涂

被涂表面经过清洗、除油、除旧漆膜、除锈等处理后，即可对其进行涂装施工。

空气喷涂的主要优点是设备简单，容易操作，能够获得厚薄均匀、光滑平整的涂层膜，使有缝隙、小孔的物件，以及倾斜、弯曲的地方均能喷到。

典型空气喷涂的原理如图 6-1 所示。

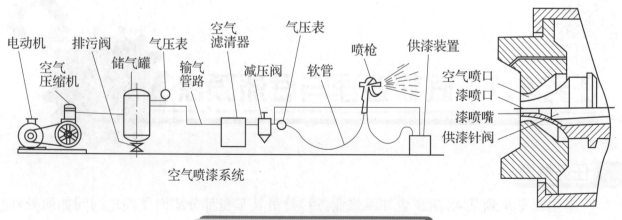

图 6-1 典型空气喷涂的基本原理

3. 涂料的选配

了解待修补车辆原来的涂装系统及每一道涂层所采用的漆种是做好汽车修补涂装非常重要的一步。汽车总装厂采用的涂装系统通常可归纳为以下几类。

喷枪的种类

- 底漆 – 腻子 – 本色面漆。
- 底漆 – 腻子 – 中间涂料 – 本色面漆。
- 底漆 – 腻子 – 中间涂料 – 单层金属闪光漆。
- 底漆 – 腻子 – 中间涂料 – 金属闪光底色漆 – 罩光清漆。
- 底漆 – 腻子 – 中间涂料 – 本色底色漆 – 罩光清漆。
- 底漆 – 腻子 – 防石击中间涂料 – 中间涂料 – 金属闪光底色漆 – 罩光清漆。
- 底漆 – 腻子 – 中间涂料 – 金属闪光底漆 – 底色漆 – 罩光清漆。
- 底漆 – 腻子 – 防石击中间涂料 – 中间涂料 – 金属闪光底漆 – 底色漆 – 罩光清漆。

（1）被涂物面材料。由于各种物面材料的极性和吸附能力不同，因而需要合理选用与物面材料性质相适应的涂料。涂料与被涂材质的适应性如表 6-1 所示。

表 6-1　常用汽车涂料与被涂材质的适应性

涂料品种＼被涂材质	钢铁	轻金属	塑料	木材	皮革	玻璃	织纤维
油脂漆	5	4	3	4	3	2	3
醇酸漆	5	4	4	5	5	4	5
氨基漆	5	4	4	4	2	4	4
硝基漆	5	4	4	5	5	4	5
酚醛漆	5	5	4	4	2	4	4
环氧树脂漆	5	5	4	4	3	5	—
氯化橡胶漆	5	3	3	5	4	1	4
丙烯酸漆	4	5	4	4	4	1	4
有机硅漆	5	5	4	3	3	5	5
聚氨酯漆	5	5	5	5	5	5	5

注：5 表示最好，1 表示最差。

（2）使用的环境条件。不同地区的不同气候，对汽车涂料的性能有不同的要求。例如，在南方湿热地区使用的汽车涂料，要求对湿热、盐雾、霉菌有良好的防护性能；在北方干旱地区使用的汽车涂料，要求其有一定的耐寒性能。另外，在不同的环境下，对涂料的耐候、耐磨、耐冲击和耐汽油等性能都有不同的要求。涂料适应的环境条件如表 6-2 所示。

表 6-2 各种涂料适应的环境条件

环境条件及要求 \ 涂料	酚醛漆	沥青漆	醇酸漆	氨基漆	硝基漆	过氯乙烯漆	丙烯酸漆	环氧漆	聚氨酯漆	有机硅漆
一般条件下使用，但要求耐候性及装饰性好			★		★		★		★	
一般条件下使用，但要求防潮性及耐水性好	★	★					★	★	★	
化工大气条件下使用，要求化学腐蚀性较好	★	★				★	★	★	★	
在湿热条件下使用，要求三防性能好	★			★		★	★	★	★	
在高温条件下使用										★

（3）涂料施工条件。由于不同涂料的性能差异，要求的施工方法也不同，因此选用涂料要根据现有的涂装设备和涂料所适应的施工方法进行选择。

（4）涂料的配套性。在汽车涂装中，各种底漆、腻子、面漆，由于其性能不同，并不是都能搭配。如果搭配不当，会产生涂膜间附着力差、起层脱落、咬底泛色等现象，严重影响施工质量。涂料的合理搭配如表 6-3 所示。

表 6-3 涂料的合理搭配

面漆类型	黑色金属	铝、镁及铝镁合金	锌及锌合金	铜及铜合金
酚醛漆	酚醛底漆 醇酸底漆	锌黄纯酚醛底漆 磷化底漆	锌黄环氧底漆 锌黄环氧醇酸底漆	酚醛底漆 磷化底漆
沥青漆	沥青底漆 酚醛底漆	沥青底漆	沥青底漆	沥青底漆
醇酸漆	醇酸底漆 环氧底漆	锌黄酚醛底漆 锌黄醇酸底漆	醇酸底漆 磷化底漆	酚醛底漆
氨基漆	酚醛底漆 氨基底漆 环氧底漆	锌黄环氧底漆	酚醛底漆 磷化底漆	环氧底漆
硝基漆	酚醛底漆 硝基底漆 环氧底漆 醇酸底漆	锌黄酚醛底漆 锌黄醇酸底漆 锌黄环氧底漆	酚醛底漆 醇酸底漆 环氧底漆	酚醛底漆 环氧底漆

续表

面漆类型	黑色金属	铝、镁及铝镁合金	锌及锌合金	铜及铜合金
过氯乙烯漆	酚醛底漆 醇酸底漆 过氯乙烯底漆 丙烯酸底漆 磷化底漆	锌黄酚醛底漆 锌黄醇酸底漆 锶黄、锌黄丙烯酸底漆 磷化底漆	酚醛底漆 醇酸底漆 环氧底漆 磷化底漆	酚醛底漆 过氯乙烯底漆 丙烯酸底漆 磷化底漆
丙烯酸漆	酚醛底漆 醇酸底漆 环氧底漆 丙烯酸底漆 磷化底漆	锌黄酚醛底漆 锶黄、锌黄丙烯酸底漆 磷化底漆	酚醛底漆 环氧底漆	酚醛底漆 环氧醇酸底漆
环氧漆	环氧底漆	锌黄环氧底漆	环氧底漆	环氧底漆
聚氨酯漆	聚氨酯底漆 硝基二道底漆	锌黄聚氨酯底漆	聚氨酯底漆	聚氨酯底漆

（5）涂层的厚度。涂膜的保护力一般是随涂层厚度的增加而提高的，在不同使用条件下，涂层的厚度应控制在一定的范围内。若涂层厚度低于厚度的下限，就不能起到良好的保护作用，还会出现露底或肉眼看不见的针孔，外界的水分、化学腐蚀介质等容易侵蚀到涂层内部，降低涂层的寿命。但涂层过厚就会增加成本，还会引起回黏、起泡、皱纹等质量问题。通常涂层的控制厚度如表6-4所示。

表6-4 通常涂层的控制厚度

环境条件	控制厚度范围/μm	环境条件	控制厚度范围/μm
一般性涂层	80～100	有侵蚀液体冲击的涂层	250～350
装饰性涂层	100～150	耐磨损涂层	250～350
保护性涂层	150～200	厚浆涂层	350～1000
有盐雾的海洋环境用涂层	200～250		

4. 涂料的调制（调黏度）

双组分涂料应加入固化剂，然后根据涂料使用说明书的要求及环境温度的不同加入稀释剂进行稀释，以达到要求的施工黏度。

许多施工人员在调配涂料时不考虑涂料的黏度，这是严重的错误。常用的国产涂-4黏度计有金属和塑料两种，其原理如图6-2所示。其底部有不锈钢制成的可以更换的漏嘴，圆筒上沿有环形凹槽，用于多余涂料试样溢出，黏度计的容量为100mL。常用进口黏度计为美国福特 4 号杯，如图 6-3 所示。

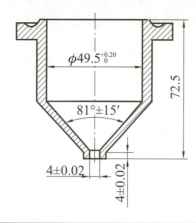

图 6-2 涂 -4 黏度计原理

图 6-3 美国福特 4 号杯

任务 6.2 原子灰刮涂与处理

任务情境

对一局部漆面破损的金属板件（如前车门），在经过正确的底材处理和底漆施工之后要进行腻子施工。流程如下：调配腻子—施涂—腻子干燥—打磨。

任务分析

腻子可对金属表面起到防腐的作用，并为后续涂层提供良好的附着基础，对金属表面的缺陷进行填补，提高金属表面的平整度。在进行腻子施涂时，首先将需要施涂的区域进行打磨、清洁，然后按使用手册标明的比例为腻子混合固化剂。

知识解读

对裸露的板材，经底材处理和底漆喷涂后，即可进行刮涂腻子操作。对损坏漆面进行修补时，一般经过底材处理后，即可直接刮腻子，如图 6-4 所示。

对于非常平整的板件，喷完底漆后，即可进行面漆的涂装。但是，对于不够平整的表面，特别是经过钣金处理后的表面，

图 6-4 刮腻子

由于凸凹性较大，底漆很难将其填平，如图6-5所示。

图6-5　用底漆填充凹凸不平的表面

刮腻子又称打腻子，是一项手工作业。刮腻子常用的工具有调拌腻子盒（木制或金属制作）、托腻子板、腻子铲刀、腻子刮刀（又分为牛角刮刀、橡胶刮刀、钢片刮刀）等，如图6-6所示。

打腻子演示

图6-6　刮腻子的常用工具

1. 检查腻子的覆盖面积

为了确定需要准备多少腻子，需再次估计损坏的程度，如图6-7所示。

图6-7　检查腻子需覆盖的面积

2. 腻子的调和

（1）取腻子。

①腻子装在罐中的时候，其主要成分有溶剂、树脂及颜料，且它们是相互分离的。由于腻子不能在这种分离的形态下使用，故在倒出以前，必须彻底混合。如果溶剂蒸发了，要向罐中倒入专用的溶剂。

②将适量的腻子基料放在混合板上。然后按规定的混合比添加一定量的固化剂，如图6-8所示。腻子与固化剂一般是以100∶3～10∶2的比例拌和。若固化剂过多，干燥后就会开裂；如果固化剂过少，就难以固化干燥。近来有一种方法将腻子主剂和固化剂采用不

同的颜色相区别,通过其混合后的颜色来判断其混合比。腻子主剂与固化剂拌和时,固化剂的容许量有一定的范围,可以随气温的变化进行适当的调整,具体数值应以产品说明书为准。

(2)拌和腻子及步骤如图 6-9 和图 6-10 所示。

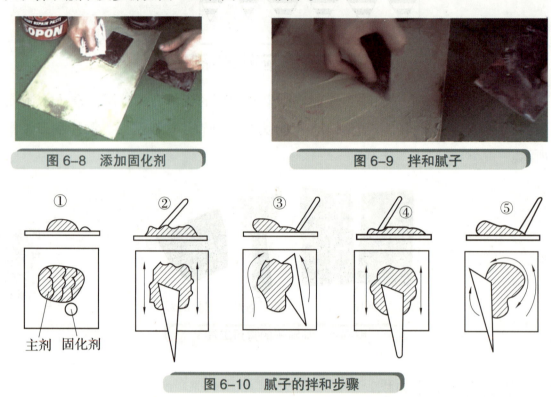

图 6-8 添加固化剂　　　　图 6-9 拌和腻子

图 6-10 腻子的拌和步骤

3. 刮腻子的操作

拌和结束后,用刮刀刮涂,如图 6-11 所示。刮腻子的关键在于要仔细地刮出平面,同时尽量避免出现气孔。

局部修补时腻子的刮涂方法如图 6-12 所示。

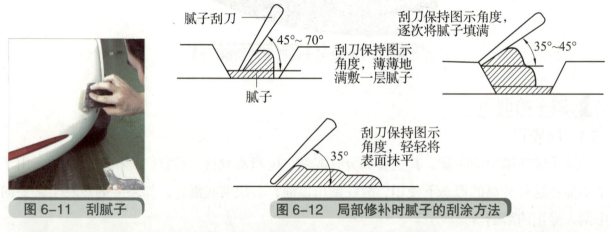

图 6-11 刮腻子　　　　图 6-12 局部修补时腻子的刮涂方法

第一步:先将腻子在金属表面上薄薄地抹一层,刮刀上要加一定的力,以提高腻子与金属表面的附着力。

第二步:逐渐用腻子填满修补的凹坑,刮涂时刮刀的倾斜角度随作业者的习惯而存在差异，通常以 35°～45° 为好。

大面积刮腻子时，使用宽刮刀比较方便。例如，车顶、发动机罩、行李箱罩、车门等，使用宽的橡胶刮板，可以提高刮涂速度。刮涂曲面时，应使用橡胶刮刀。如图 6-13 和图 6-14 所示，根据被刮涂面的形状，使用不同弹性的刮刀，可以实现作业合理化。

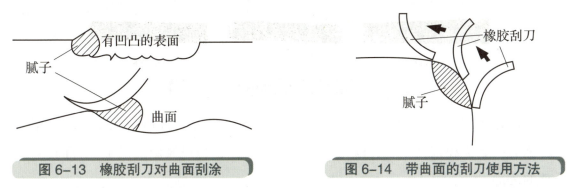

图 6-13　橡胶刮刀对曲面刮涂　　　　图 6-14　带曲面的刮刀使用方法

对于冲压形成按一定角度交接的两个面，若需要在冲压线部位进行刮腻子修实，其方法如图 6-15 所示。沿交接线贴上胶带纸遮盖住一侧，刮好另一侧的腻子；稍隔片刻，待腻子干后，揭下胶带，再在已刮好的一侧贴上胶带纸遮盖，接着刮涂好余下的一侧。

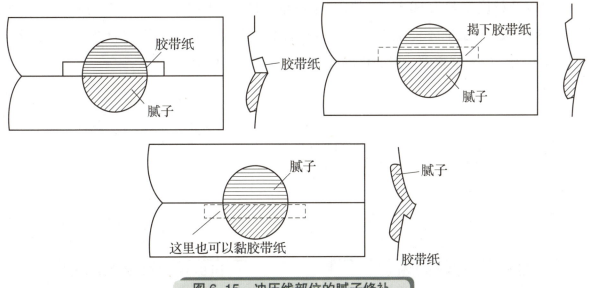

图 6-15　冲压线部位的腻子修补

4. 腻子的干燥

新施涂的腻子会由于其自身的反应热而变热，从而加速固化反应。一般在施涂腻子 20～30min 后，即可打磨。如果气温低而湿度高，腻子内部的反应速度降低，则需要较长的时间来使腻子固化。为了加快固化，可以另外加热，如使用红外线烤灯或干燥机加热，如图 6-16 所示。

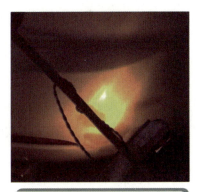

图 6-16　腻子的干燥

5. 打磨腻子

（1）使用腻子锉刀粗锉削。腻子的粗锉削，要用专用的腻子锉刀（图6-17）进行。腻子层刮涂厚度一般超过实际的需要，所以应该先用锉刀初步锉削打磨后，再使用打磨机进一步打磨，以提高作业效率。

平口锉　　　圆锉　　　半圆锉

图6-17　腻子锉刀

第一步：要先用半圆锉锉削。锉削时注意不能施力过大，否则会在表面留下深的锉痕。另外，锉削方向始终要保持平行，既可全部沿前后方向，也可倾斜或沿上下方向，总之要锉削出平整的表面。

第二步：为消除半圆锉锉痕，使用平锉进行第二次锉削。如果最初腻子表面比较平整，可以开始就用平锉打磨。

（2）打磨机打磨平面。腻子表面锉削完毕后，用直行式或往复式气动打磨机进一步打磨，所用砂纸粒度一般为60号。打磨时应注意，打磨头的工作面应保持与腻子表面平行，如图6-18所示。打磨时不能施力过大，应将打磨机轻轻压住，靠旋转力进行打磨。若施力过大，就不能形成平整表面。打磨机的移动方法如图6-19所示。

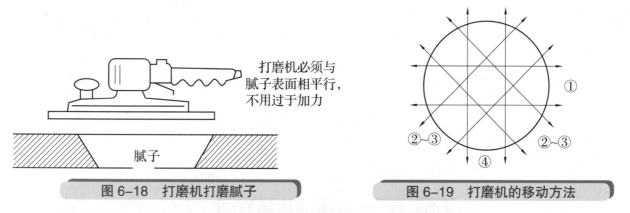

图6-18　打磨机打磨腻子　　　图6-19　打磨机的移动方法

先沿①所示方向左右运动；随后沿②和③斜向运动；然后沿④上下运动，这样可以基本消除变形。如果最后再沿①左右运动一次，消除变形效果会更好。

（3）手工打磨修整。使用打磨机大致形成平整表面后，必须进行手工打磨修整，如图6-20所示。手工打磨修整使用手工打磨板较为方便，其大小应与打磨作业面积相适宜。手工打磨板的移动方法和打磨机的移动方向相同。气孔和伤痕的修补如图6-21所示，通常用速干腻子或聚酯腻子填补，用刮刀将腻子用力挤满空隙。待其干燥后，干打磨采用粒度为150~180号砂纸；湿打磨采用240~320号砂纸。

项目 6　车身涂装

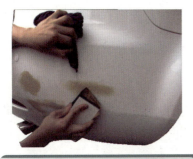

图 6-20　手工打磨修整

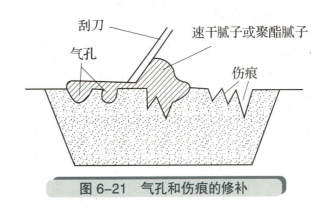

图 6-21　气孔和伤痕的修补

任务实施

1. 汽车腻子涂刮与打磨的作业流程

汽车腻子涂刮与打磨的作业流程如图 6-22 所示。

2. 刮涂腻子

1）刮涂前的注意事项

（1）裸露的钢板、铝板要经过除锈、打磨、脱脂之后才可刮涂腻子。

（2）钢板原有漆膜之上可以刮涂腻子。

（3）刮涂腻子工作应该由钣金作业者在钣金完工后马上进行，以避免在等待漆工刮涂腻子的这段时间内裸露钢板又会重新生锈。

（4）不可以将普通腻子填抹到塑料件上。

2）刮涂前的准备

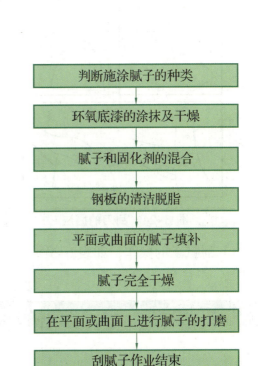

图 6-22　汽车腻子涂刮与打磨作业流程

为了保证最佳的维修效果，最好在上腻子前先涂抹环氧底漆。

环氧底漆的使用方法：在钢板打磨过的区域喷或用刷子刷上 1～2 层环氧底漆，在底漆完全干燥后才可以上腻子。

图 6-23　刮涂腻子的工具

3）刮涂腻子的工具

刮涂腻子的工具如图 6-23 所示。

4）刮涂腻子

（1）刮刀的握法有直握法、横握法及其他握法（图 6-24）。

（2）刮腻子的手法。

刮腻子的手法有往返刮涂法和一边倒刮涂法。

刮涂腻子的方式分为满刮和软硬交替刮。

满刮，即全部刮上腻子。

软硬交替刮分为"先上后刮"和"带上带刮"，另外还有"软上硬收""硬上硬收""软上软收"等。

刮涂腻子时应将刮具轻轻向下按压，并沿长轴方向运刮（图6-25）。每次刮涂腻子的量要适度，避免造成蜂窝和针孔。

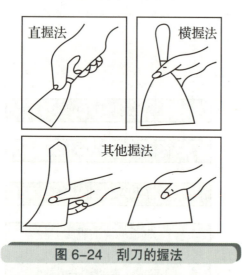

图6-24 刮刀的握法

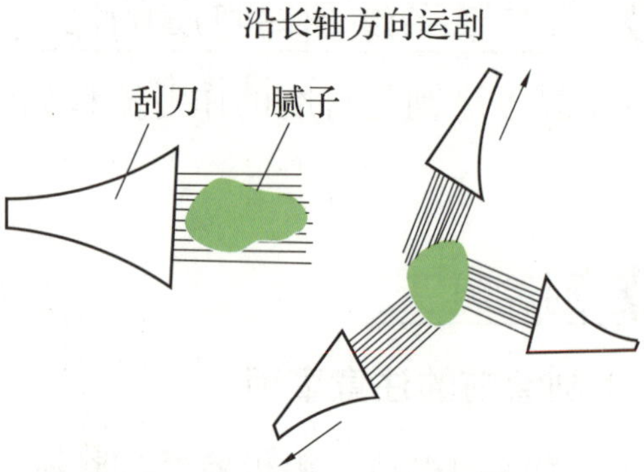

图6-25 刮腻子的手法

（3）刮腻子的操作，如表6-5所示。

表6-5 刮腻子的操作

步骤	图示说明
吹灰	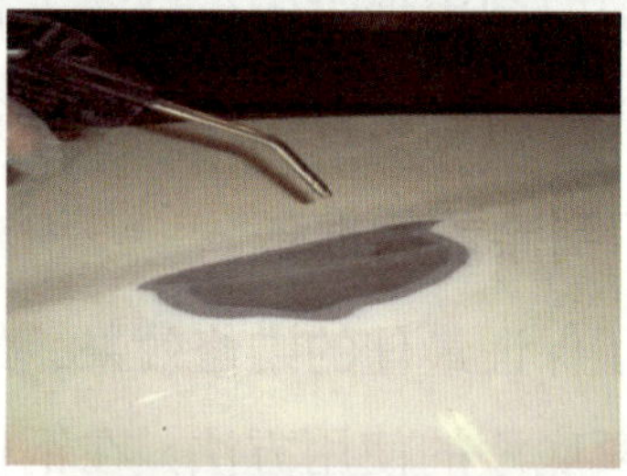
除油	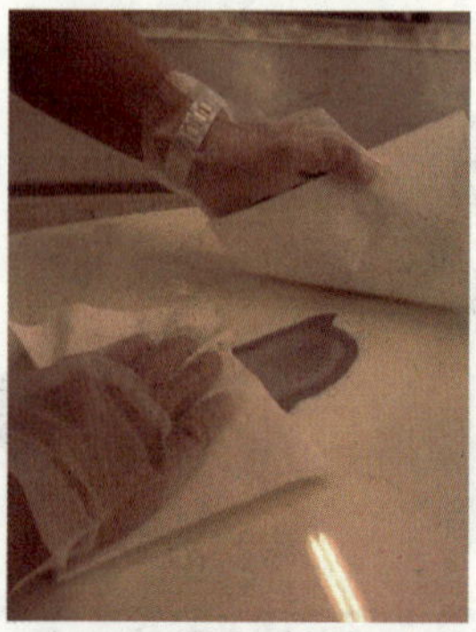

续表

步骤	图示说明
薄刮：第一次刮涂腻子要确保腻子能够和所有不平整的表面都能有良好的接合（挤压式刮涂腻子）；每次刮涂的厚度不超过2mm	
采用向下拖刮刀的方式将腻子均匀地填充在凹陷处，不要在表面留有气泡（刮涂时，尽量上、下、左、右多角度刮涂）	
根据凹坑和羽状边的形状进行收边，避免将腻子刮涂在打磨范围以外	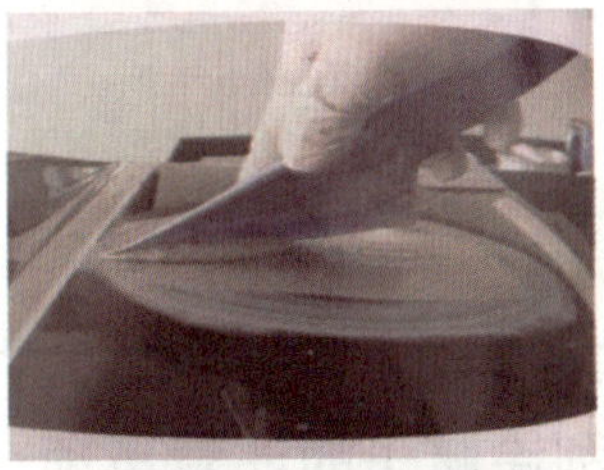
对整个面进行收边，使腻子的边缘薄、中间凹坑区域饱满	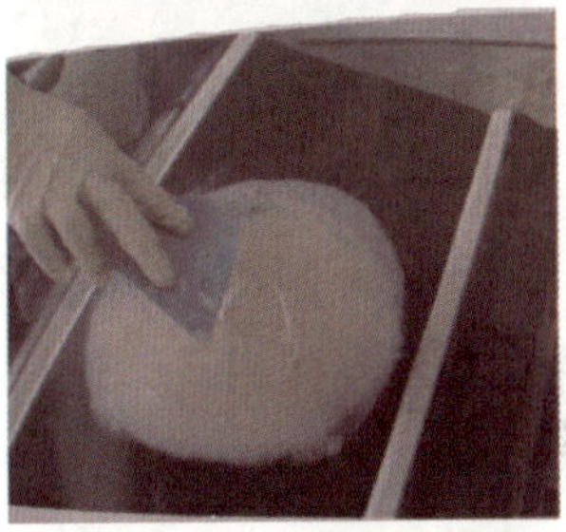
根据工件表面的弧度，用刮板轻轻刮平修补表面，根据刮涂区域的大小，先修平整半个面，然后修平整另外半个面	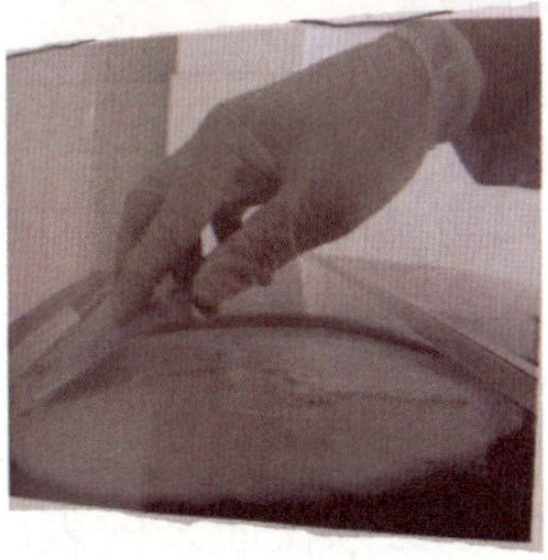
刮涂腻子结束后腻子平面应高于工件平面	

续表

步骤	图示说明
将多余腻子放到指定地方	
清洁刮板、刮刀、调灰板	

5）刮涂腻子的注意事项

（1）刮涂前被涂装表面必须干透。

（2）应在一两个来回中刮平。

（3）刮涂时，四周的残余腻子要及时收刮干净。

（4）如果需刮涂的腻子层较厚，需要多层刮涂时，每刮一道都要充分干燥。

（5）腻子刮涂工具用完后，要清洗干净再保存。刮刀口及平面应平整无缺口，以保障刮涂腻子的质量。

（6）夏季天气炎热，温度较高，腻子容易干燥，成品腻子可用稀料盖在上面。冬季应放在暖处，以防结冻，用时可加些清漆和溶剂。

（7）如果刮刀在各道施涂中，仅向一个方向移动，腻子高点的中心就有所移动。这种情况很难打磨，所以刮刀在最后一道中必须反向移动，以便将腻子高点移回中央。

（8）腻子必须比原来的表面高。

（9）腻子施涂在工件表面上的范围，必须以在磨缘过程中所留下的打磨划痕为限。

（10）施涂腻子要快。

（11）腻子在固化中会产生热。一定要确认腻子已经凉透了，才能将之弃置。

6）腻子打磨的步骤

腻子打磨的步骤如表6-6所示。

表6-6 腻子打磨的步骤

步骤	图示说明
穿戴防护用品	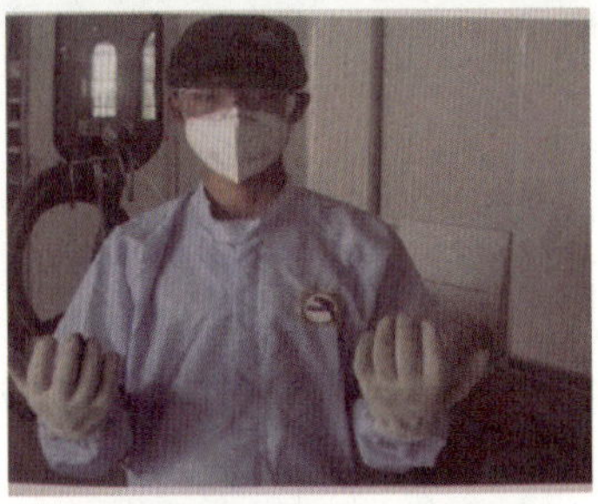
选择打磨头。可以采用机器和手磨相结合的方法,先采用7号打磨头粗磨腻子	
接上打磨头	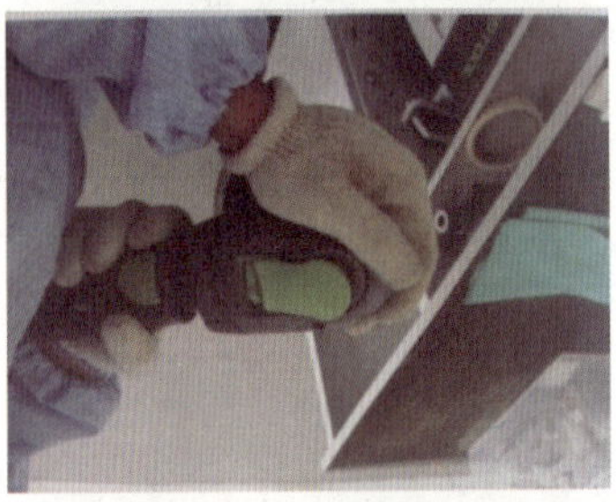
选择干磨砂纸	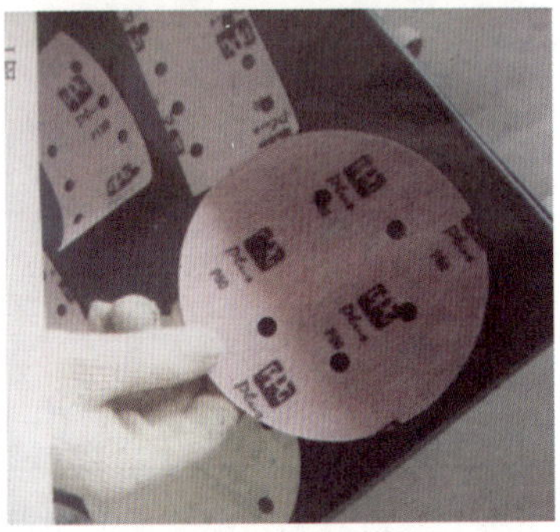
启动打磨机。将打磨机启动开关指向"AUTO"挡	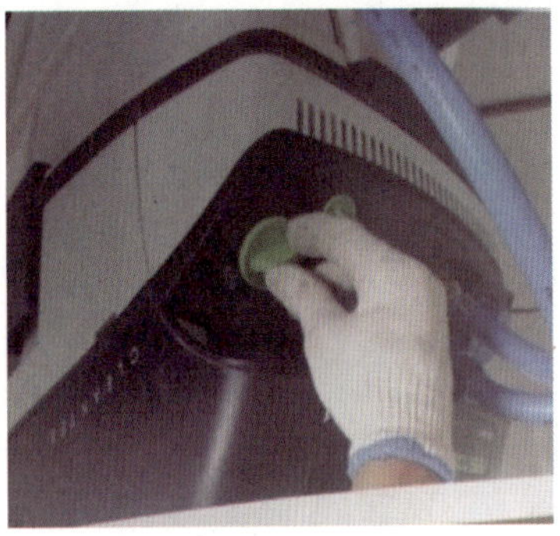

续表

步骤	图示说明
涂抹炭粉。将炭粉均匀地涂抹在腻子表面上，这样能够在打磨过程中直观地看到打磨程度，及时发现不平整之处	
用80号砂纸粗磨腻子。只要求初步的平整，不要求光滑	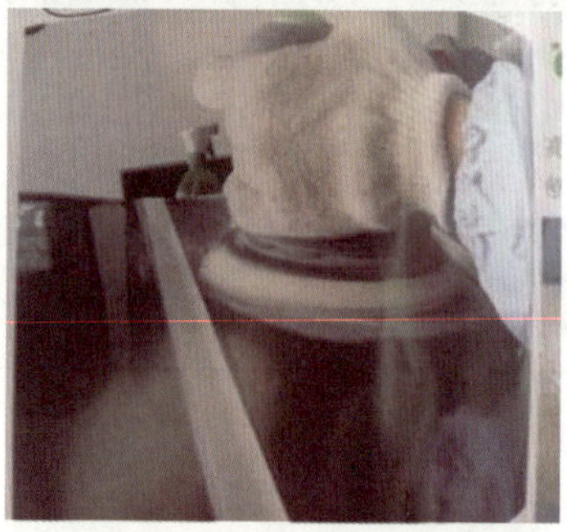
第二次涂炭粉	
手刨打磨	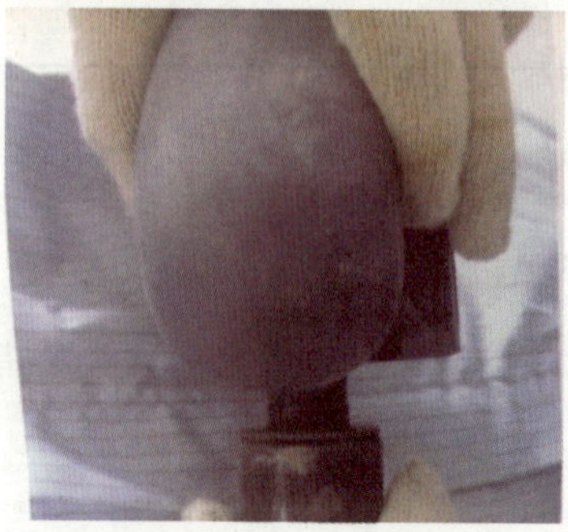

续表

步骤	图示说明
选择 80 号砂纸	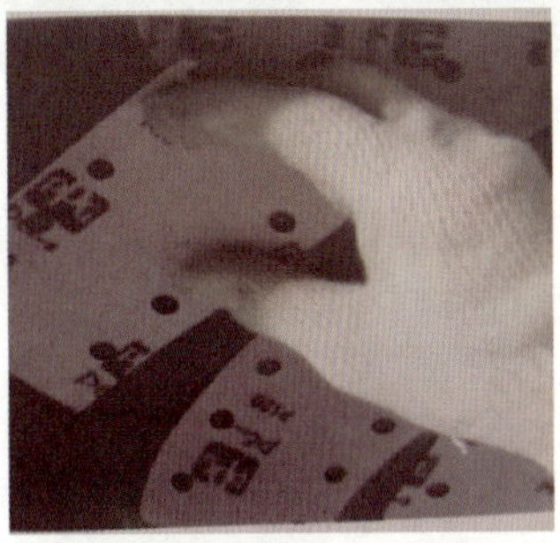
启动打磨机	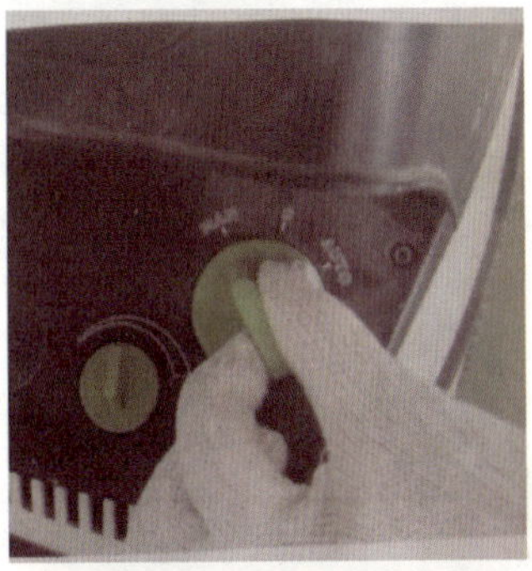
用 80 号砂纸粗磨腻子。打磨时,手刨尽量放平,与腻子充分接触	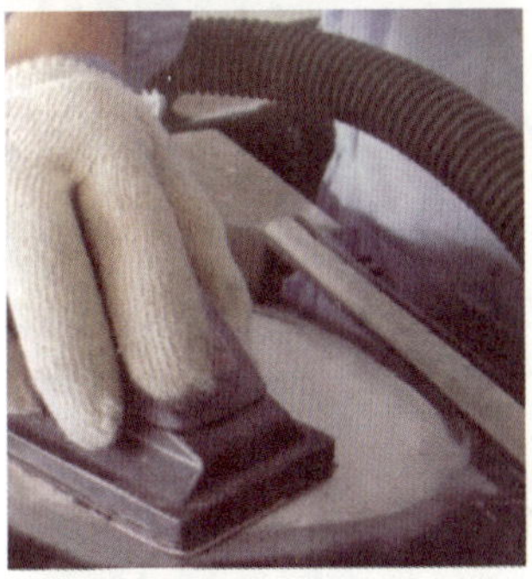
第三次涂抹炭粉	
选择 120 号砂纸	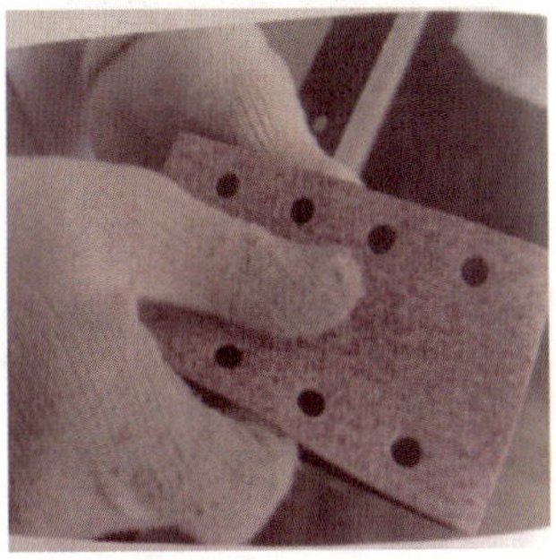

续表

步骤	图示说明
用120号砂纸粗磨腻子。这道打磨主要是使腻子基本平整,弧形面造型与原来一致	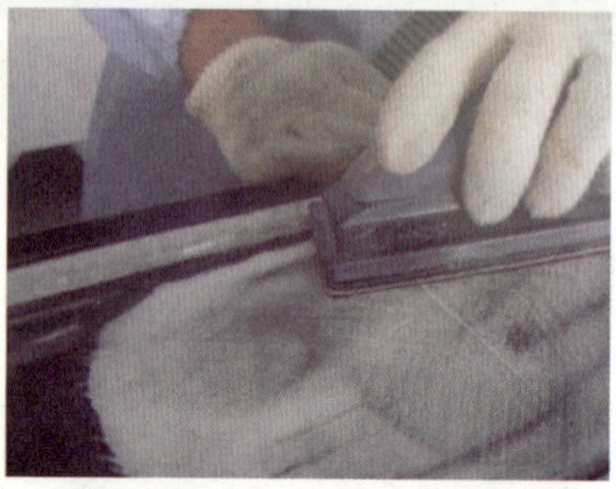
用120号砂纸打磨完毕	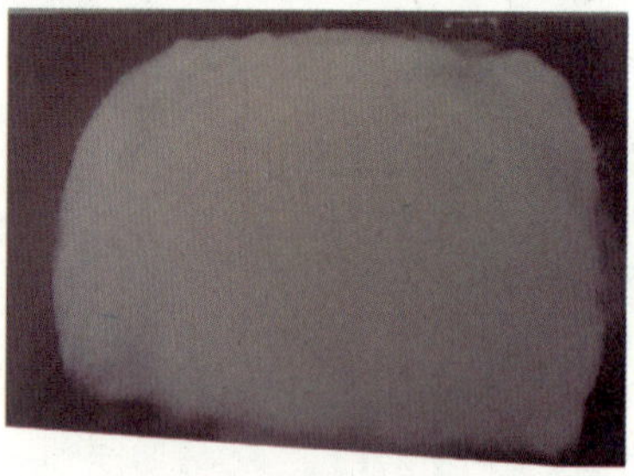
第四次涂抹炭粉	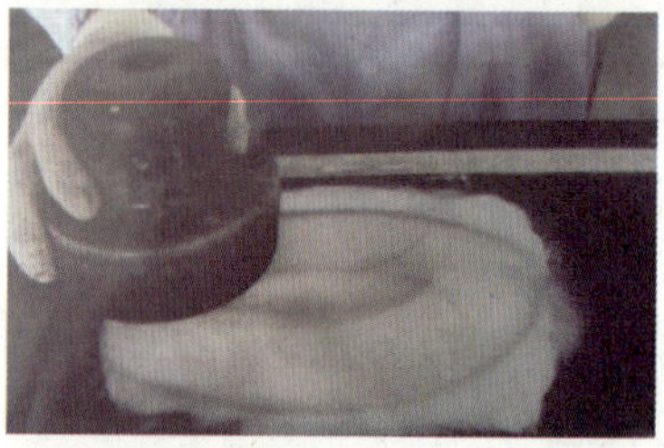
选择180号砂纸	
用180号砂纸细磨腻子。这道打磨主要是去除前道打磨留下的砂纸痕迹,使腻子平整光滑,边缘无接口	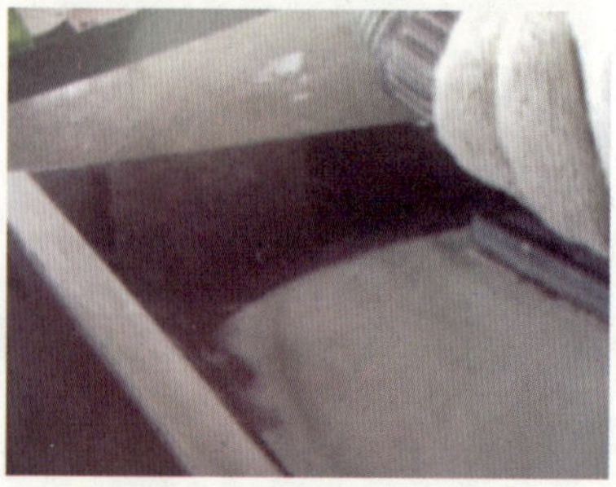

续表

步骤	图示说明
用180号砂纸打磨完毕。打磨后,用气枪吹净表面灰尘,检查是否有沙眼、砂纸痕迹;如果有,则需要填补沙眼和收光刮涂	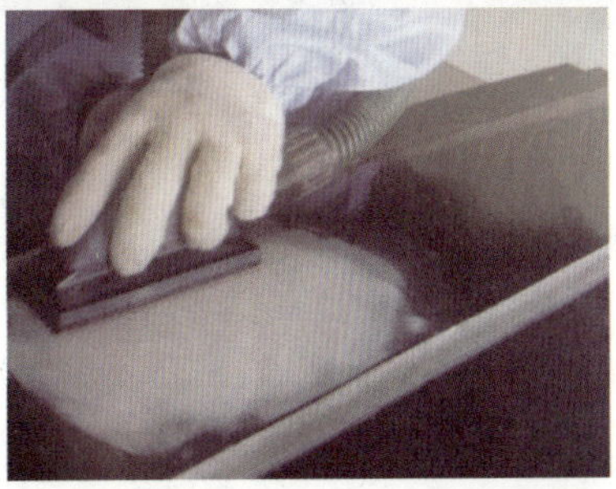
第五次涂抹炭粉	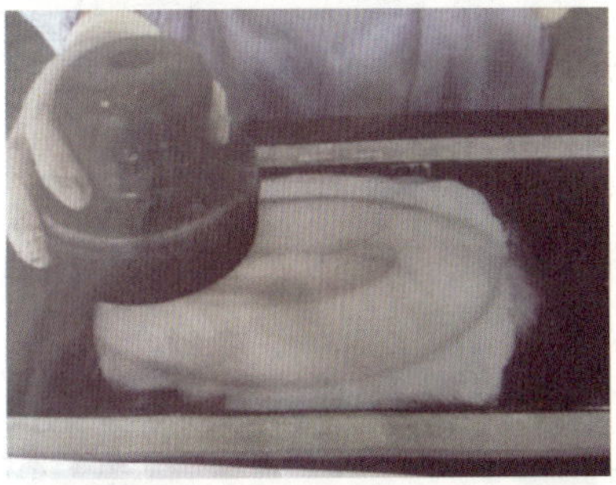
选择240号砂纸	
用240号砂纸研磨腻子。这道打磨后,腻子平整光滑,无砂纸痕迹和砂眼,过渡平滑,可以达到喷涂中涂底漆的施工要求	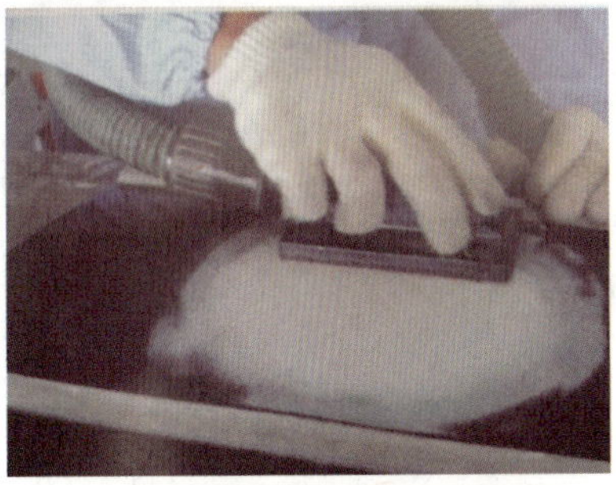
选择打磨头。选择3号打磨头	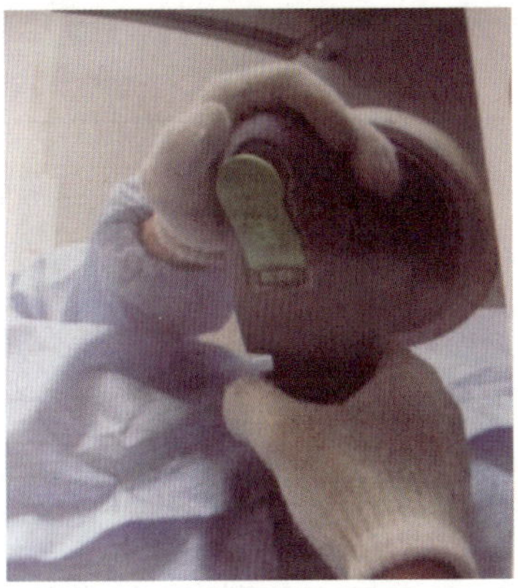

续表

步骤	图示说明
选择 320 号砂纸	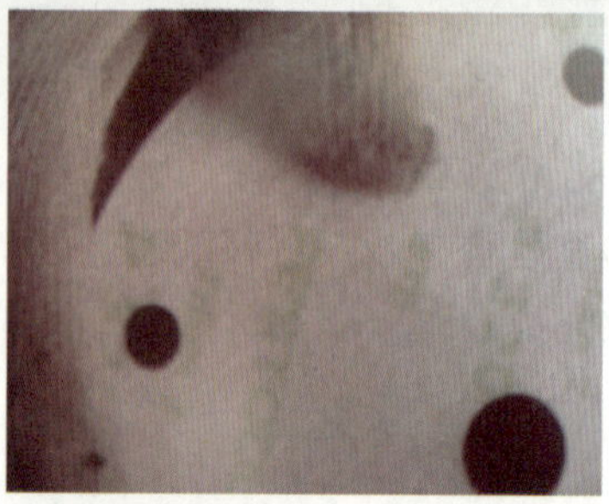
用 320 号砂纸研磨腻子及面漆边缘。打磨羽状边至周边范围不少于 15cm，为喷涂中涂底漆做准备	
吹灰。检查是否有沙眼，是否平整	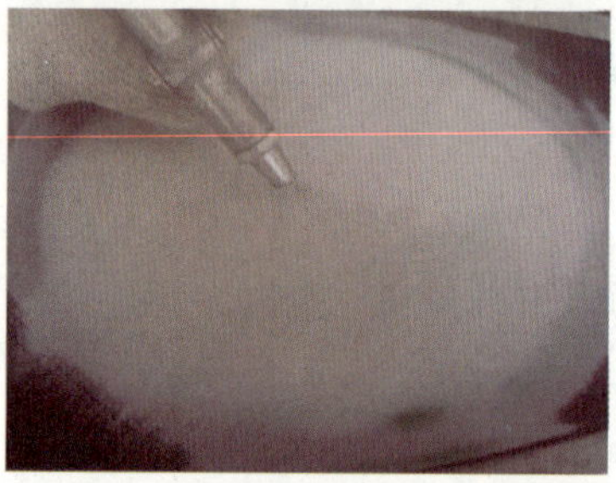
除油	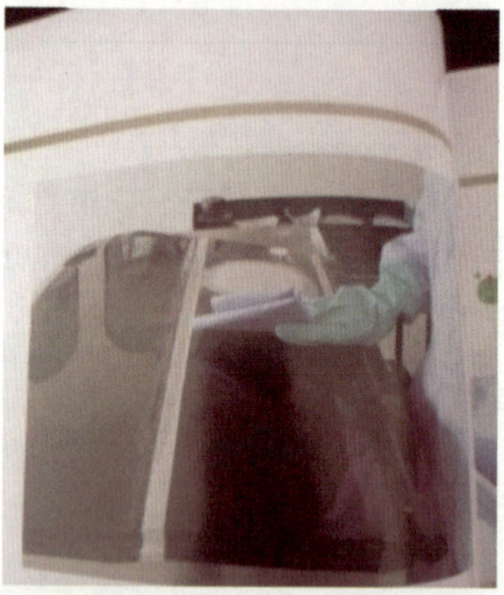
收拾工位。清洁工具、工位，打扫操作场地	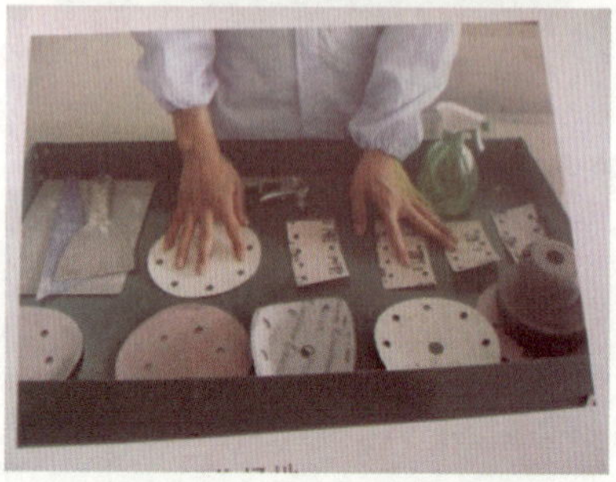

考核评价

原子灰刮涂考核评价表

实训名称			姓名			
			班级			
学时数			学习时间			
考查项目	考查内容	配分	得分			
			自评	互评	师评	
准备工作	资料准备	7				
	计划制订	7				
	材料准备	7				
工作过程	工具使用	10				
	作业程序	12				
	作业质量	15				
工作态度	积极主动	7				
	团结协作	7				
	服从分配	7				
文明安全	遵守纪律	7				
	安全规范	7				
	卫生习惯	7				
	合计					

用技术技能"拯救了许多生命"——贺鹏麟

任务6.3 中涂漆喷涂与处理

任务情境

对于经过正确底漆施工和腻子施工的汽车车身部件，在进行面漆施涂前，为了增加面漆层与下面涂层的附着力，应填充微小的划痕、小坑等，以提高面漆平整度；为了起到隔离封闭作用，防止渗色发生，以及为了保证面漆涂层具有一定的弹性、韧性，提高面漆的丰满程度，一般应实施正确的中涂漆层施工作业。本任务按以下流程进行：清洁—遮护—中涂施工—干燥与修整—打磨。

任务分析

腻子施工表面出现的针眼，虽然可以经过填眼灰进行填补，但由于填眼灰干燥后收缩，会在表面留下凹凸不平的点，即使经过手工精打磨操作，也难以满足喷涂面漆的需要。另外，腻子表面打磨后会留下细小的砂纸痕，对于面漆要求高的轿车来说，也不适合直接喷涂面漆。此时，一般需要施涂中涂漆。

知识解读

国外汽车生产厂的中涂漆一般分为通用底漆、腻子、二道浆、封闭底漆，而国内汽车修补漆则根据涂料的功能分为腻子、二道浆、封闭底漆，将通用底漆并入二道浆中。

1. 通用底漆

通用底漆又称底漆二道浆，它可直接涂在金属表面，具有底漆的功能，又具有一定的填平能力。

2. 腻子

腻子是由大量的填充料以各种涂料为黏结剂所组成的一种黏稠的浆状涂料，用来填嵌工件表面的凹陷、气孔、裂纹、擦伤等缺陷，以取得均匀平整的表面。

3. 二道浆

二道浆又称喷涂腻子或二道底漆，它的功能介于通用底漆和腻子之间，对被涂工件表面的微小缺陷（不平之处）有一定的填平能力，颜料和填料含量比底漆多，比腻子少，颜色一般为灰色。

4. 封闭底漆

封闭底漆是涂面漆前的最后一道中间层涂料。其漆基含量在底漆和面漆之间，涂膜光亮。漆基一般由底漆所用的树脂配成。

任务实施

1. 事前准备

（1）吹灰。

（2）除油。

2. 遮护

遮护操作如图 6-26 所示。

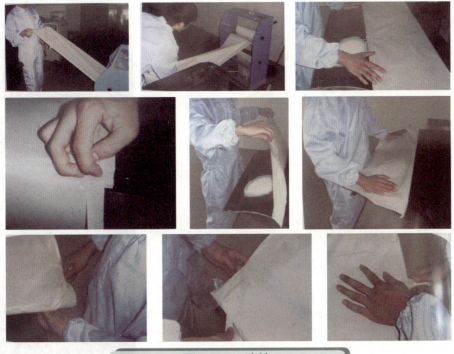

图 6-26 遮护

3. 调配中涂底漆

调配中涂底漆如表 6-7 所示。

喷枪的清洗及维护

表 6-7 调配中涂底漆

步骤	图示说明
准备实训材料	
穿戴防护用品	

续表

步骤	图示说明
搅拌罐中的中涂底漆	
准备调漆杯	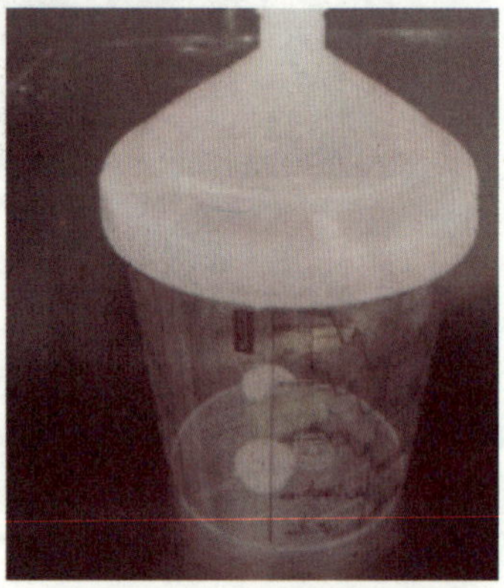
进行中涂底漆调配	
清洁浆盖出漆口	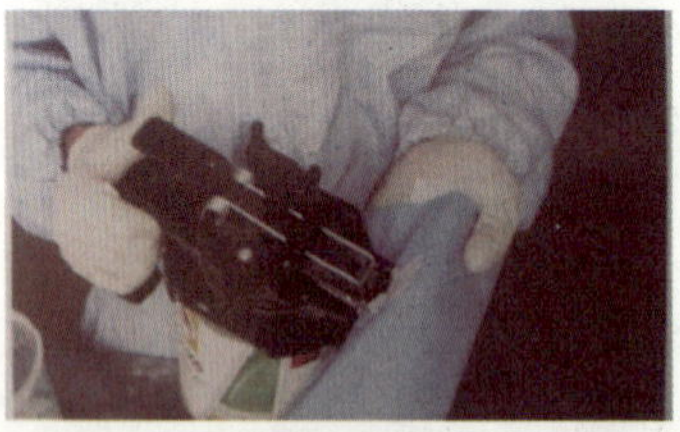
倒入固化剂	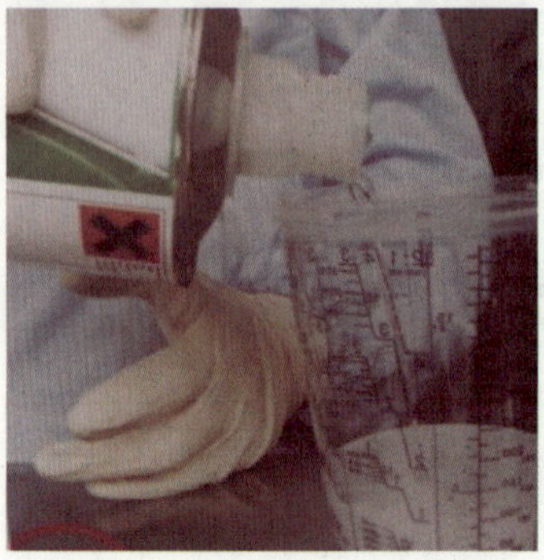

续表

步骤	图示说明
倒入稀释剂	
搅匀调漆杯中的涂料	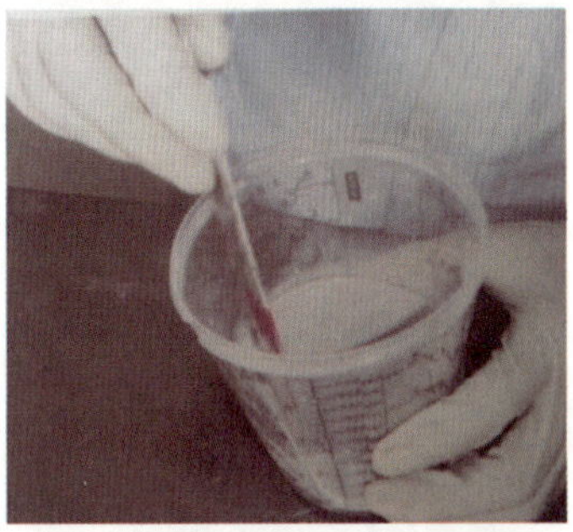
清洁调漆尺	
把装有稀释剂的桶盖紧	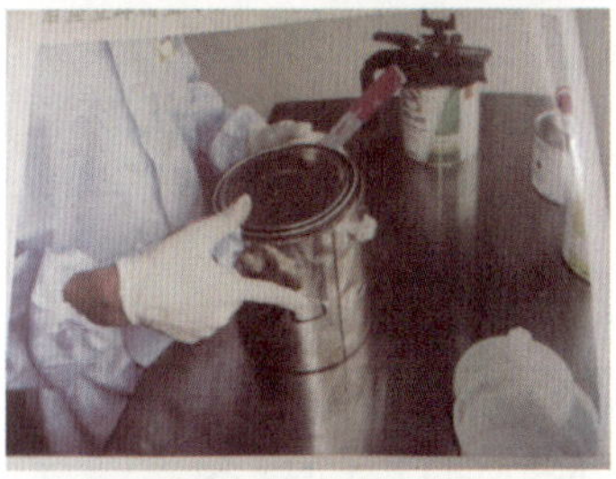
将一次性喷壶的壶盖盖上	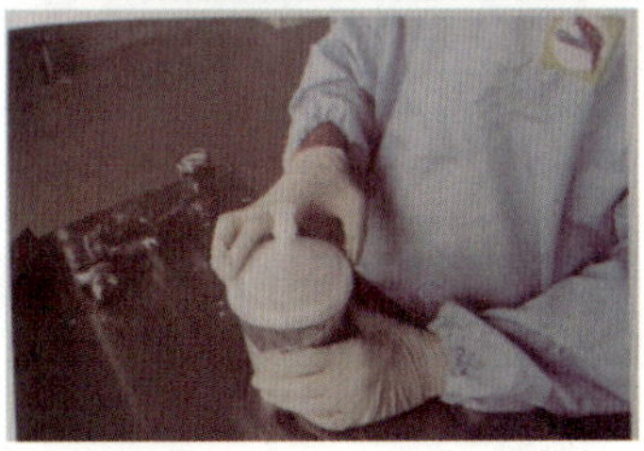
将底漆枪装上	

续表

步骤	图示说明
中涂底漆调配完毕后，将喷枪放置在枪架上	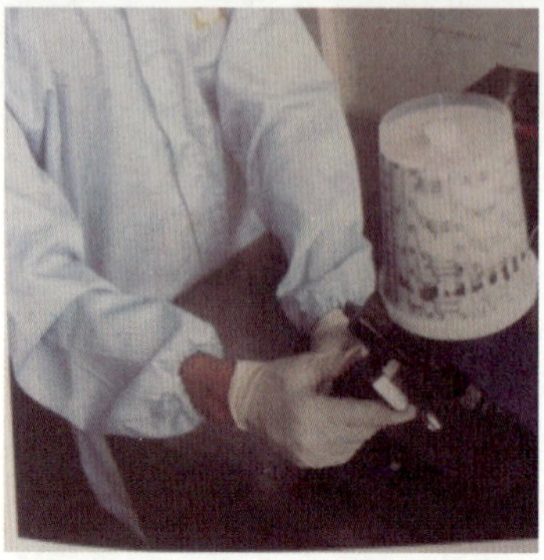
清洁工作台	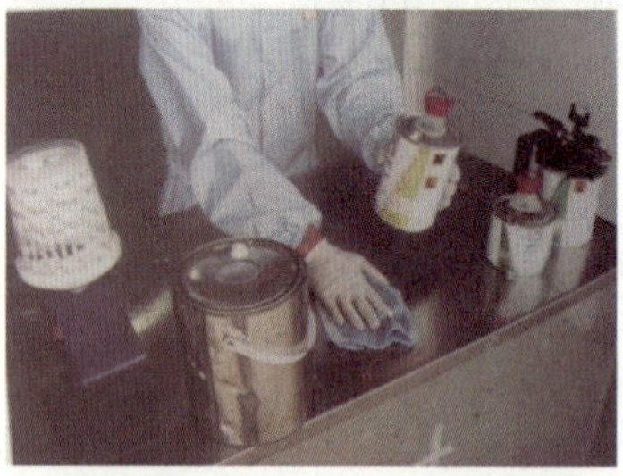
将用过的抹布丢入垃圾桶	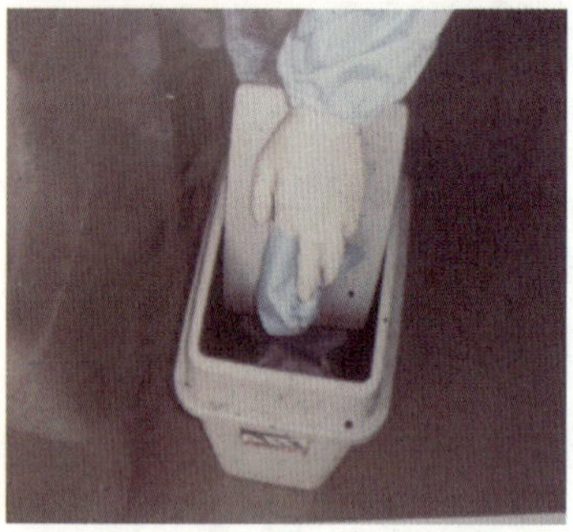

4. 喷涂中涂底漆

喷涂中涂底漆如表6-8所示。

表6-8 喷涂中涂底漆

步骤	图示说明
调整喷枪出漆量。调整方法有两种：一是将漆量调整旋钮旋紧后，再旋出2.5圈左右；二是在喷壶未装上前先用右手将漆量调整旋钮全部旋出，左手将扳机扣紧，右手将漆量调整旋钮向里旋，当感觉内有物质顶住时即可	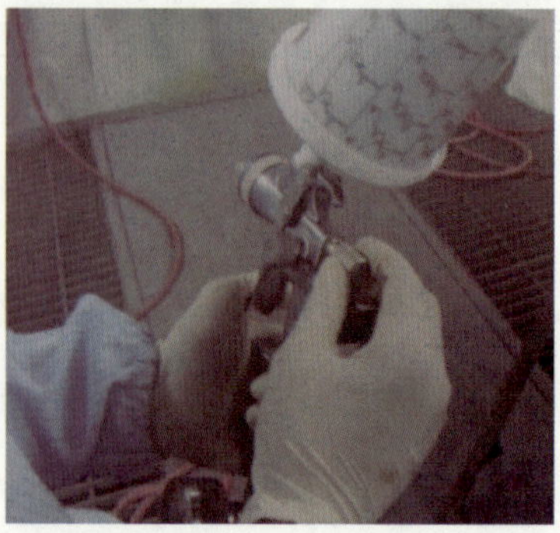

续表

步骤	图示说明
调整喷涂扇面。整板件喷涂时，将喷涂扇面调整至最大，但在局部修补的过程中应做适当的调整	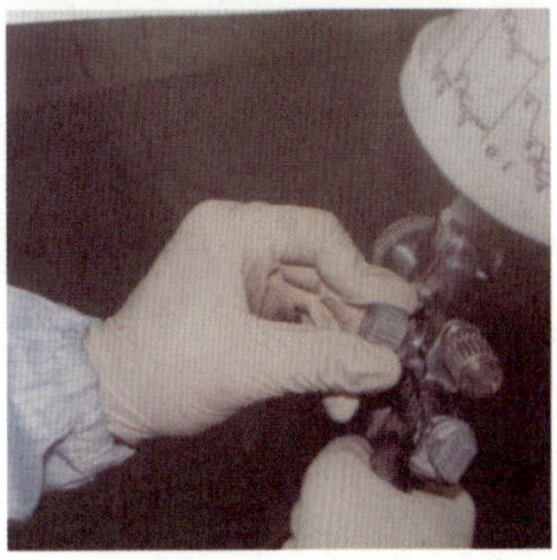
调整气压。整喷时气压调整至 200~250kPa，但对于局部修补时可做适当的调整	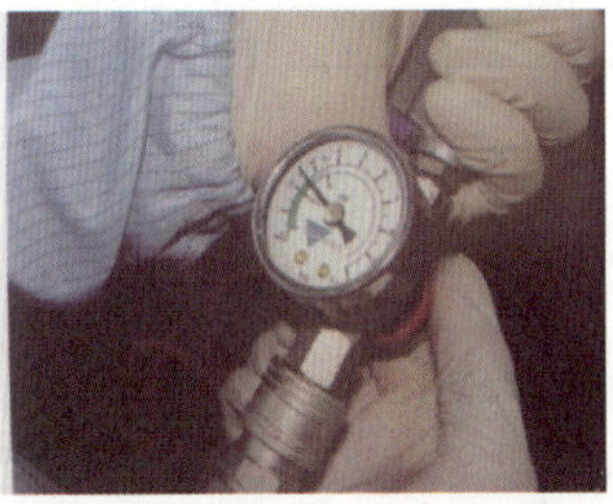
进行喷涂前试枪	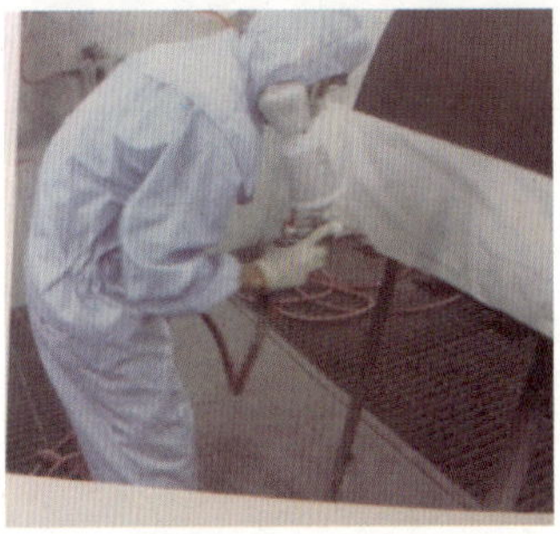
黏尘。用黏尘布黏去工件上的尘埃。要将黏尘布充分展开后再黏尘，并且要注意工件的各个角落	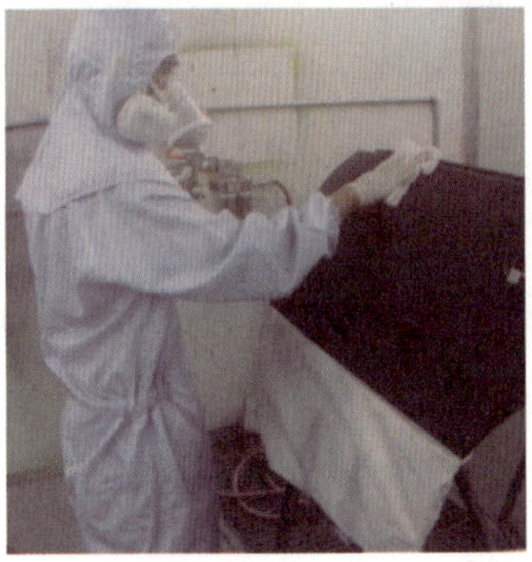
喷涂第一道中涂底漆。先喷工件的边缘，再喷涂工件的表面	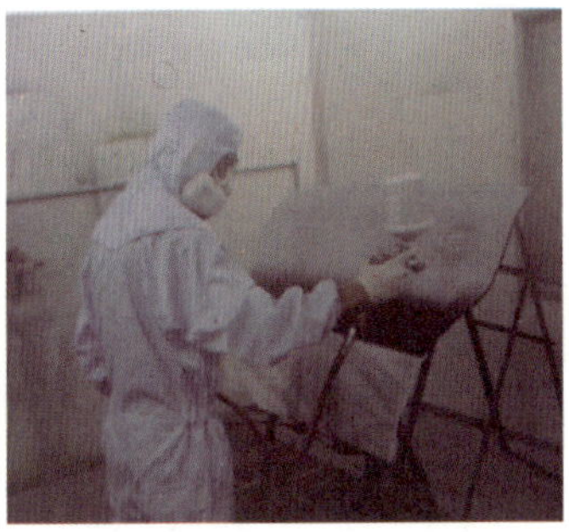

续表

步骤	图示说明
观察喷涂效果。在闪干过程中,可观察喷涂的效果,是否有流挂、漏喷的地方。如果有漏喷之处,可在第二道喷涂过程中进行补喷	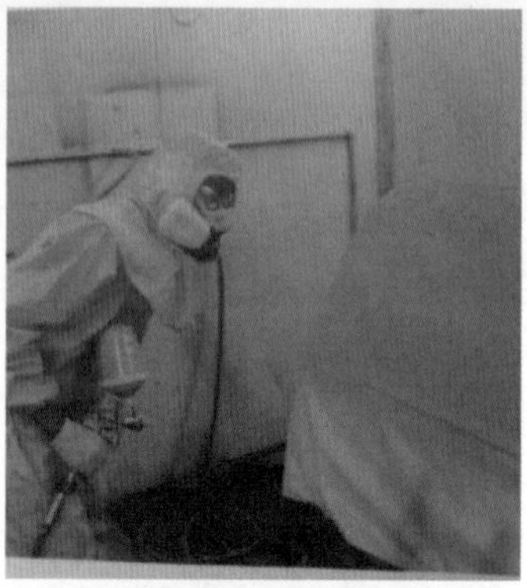
等待中涂底漆闪干	
喷涂第二道中涂底漆	
喷涂完毕。膜厚应达到 70μm 左右,最大不超过 150μm	
整理气管并归位	

考核评价

中涂漆施工考核表

实训名称			姓名			
			班级			
学时数			学习时间			
考查项目	考查内容	配分	得分			
			自评	互评	师评	
准备工作	资料准备	7				
	计划制订	7				
	材料准备	7				
工作过程	工具使用	10				
	作业程序	12				
	作业质量	15				
工作态度	积极主动	7				
	团结协作	7				
	服从分配	7				
文明安全	遵守纪律	7				
	安全规范	7				
	卫生习惯	7				
合计						

一把刻刀，刻画祖国的大好河山——郑春辉

任务6.4 面漆喷涂与处理

任务情境

在中涂层喷涂完毕并进行打磨修整后，就可以进行面漆的涂装了。对经过中涂层漆料施工的某个典型车身部件，进行正确的面漆施工作业。一旦面漆涂层出现了不可弥补的缺陷，必须将整个面漆层打磨掉重喷。

任务分析

底漆腻子等具有对车身底材的修饰和防腐保护作用；中涂漆可以填平底漆或腻子等表面的微小瑕疵，并可以衬托面漆涂层，使面漆涂层更加丰满。涂装表面的光泽度、鲜映性和良好的装饰性等都由面漆层来提供，整个涂装工作的好坏都由面漆来体现，因此面漆喷涂是整个涂装作业最关键的工序。

知识解读

1. 面漆喷涂的涂料准备

1）喷涂前的再检查与涂料准备

（1）喷涂前的再检查作业。在开始喷涂作业之前，先检查全车车身外表有无覆盖遗漏之处；检查有无打磨作业和清扫作业没有进行完备之处；检查喷枪和干燥设备有无异常。

（2）涂料的准备。将调好色的涂料按所需要的量取出，视需要加入固化剂，调整好黏度。通常的做法是将主剂和固化剂调配好之后，再加入稀释剂调整黏度。

（3）涂料的过滤。调好色的涂料难免混有灰尘和杂质，必须过滤之后才能使用，如图6-27所示。

（4）黏度的调整。涂料黏度并非常量，而是随温度而发生变化，即同一种涂料，冬季比夏季显得稠。黏度越高的涂料，随温度变化的特征越明显，因此，即使加入相同量的稀释剂，夏季的黏度为13～14s（测量涂料的黏度时，有专门的流量杯。将涂料放入流量杯后，有不同的孔径可以选择。涂料的黏度是指流完特定体积涂料的时间，单位为s），冬季黏度则为20s左右。

图6-27 涂料的过滤

2）面漆的喷涂手法

面漆的喷涂操作与底漆和二道浆的操作基本相同，只是喷涂要求手法更加细腻一些，以获得良好的色彩光泽效果，如图6-28所示。

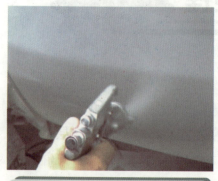

图6-28 面漆的喷涂

（1）干喷。干喷是指喷涂时选择的溶剂要快干、气压较大、漆量较小、温度较高等，喷涂后漆面较干。

（2）湿喷。湿喷是指喷涂时选择的溶剂要慢干、气压较小、漆量较大、温度较低等，喷涂后漆面较湿。

（3）湿碰湿。一般来讲，湿碰湿与湿喷有相似之处，都是不等上道漆中溶剂挥发而继续喷涂下一道漆。

（4）虚枪喷涂。在喷涂色漆后，将大量溶剂或固体分调整得极低的涂料喷涂在面漆上的操作称为虚枪喷涂。

（5）雾化喷涂。雾化喷涂俗称飞雾法喷涂，又叫飞漆，一般用于金属漆的施工。

（6）带状涂装。当喷涂某个基材表面的边缘时采用此法。此时应将喷枪扇辐调整得相对窄一些，一般调整到大约10cm宽。

3）全车面漆喷涂

（1）面漆喷涂的一般注意事项：首先，涂料不同其性质有差异，必须弄清楚涂料的特性，在此基础上，决定黏度、喷涂气压力、喷枪运行速度；其次，要根据气温决定黏度，选择稀释剂。

（2）单色涂膜的喷涂如表6-9所示。

表6-9 单色涂膜的喷涂

内容	第一次喷涂	第二次喷涂	第三次喷涂
目的	预喷涂	形成涂膜层	表面色调和平整度的调整
涂料黏度/s	16~20（20℃）	16~20（20℃）	14~18（20℃）
空气压力/kPa	343	343	294~343
喷束直径	全开	全开	全开
喷吐流量	1/2~2/3开度	2/3~3/4开度	全开
喷枪距离/cm	25~30	20~25	20~25
喷枪运行速度	快	适当	速度适当（同第二次）
要求	以喷雾感在车身整体上薄薄地预喷一层。喷这一层的目的是提高涂料与旧涂膜的亲和力，同时确认有无排斥涂料的部位，如果有就在该部位稍加大气压喷涂，覆盖住涂料排斥部位	在该工序基本形成涂膜层，要达到一定的膜厚。该工序要注意尽可能喷厚一些，这是最终获得良好表面质量的基础，但同时要注意不能产生垂挂和流动，以此作为标准	第二次喷涂已形成一定膜厚，第三次喷涂的主要目的是调整涂膜色调，同时要产生光泽。此时要加入透明涂料，有时为调整色调，要加入干燥速度慢的稀释剂

（3）金属闪光色的喷涂如表6-10和表6-11所示。

表6-10 金属闪光色的喷涂（1）

内容	第一次喷涂	第二次喷涂	第三次喷涂
目的	预喷涂（金属闪光磁漆）	决定色调（金属闪光磁漆）	消除斑纹（过渡层喷涂）
涂料黏度/s	14~16（20℃）	14~16（20℃）	11~13（20℃）

续表

内容	第一次喷涂	第二次喷涂	第三次喷涂
空气压力 /kPa	393～490	393～490	393～490
喷束直径	全开	全开	全开
喷吐流量	1/2～2/3 开度	2/3～3/4 开度	1/2～2/3 开度
喷枪距离 /cm	25～30	20～25	20～25
喷枪运行速度	快	稍快	快
要求	以喷雾感沿车身表面整体薄薄喷洒，提高涂料与底层或旧涂膜的亲和力，同时确认有无排斥涂料现象。如果出现了排斥现象，就在有排斥现象的部位，提高喷射气压（约 637kPa）	第二次喷涂决定涂膜颜色，喷涂时不必在意出现的喷涂斑纹和金属斑纹。单层喷涂，喷枪移动速度稍快一点为好。丙烯酸聚氨酯涂料遮盖力较强，一般喷两次即可，但有的色调需按第二次喷涂方法再喷涂一次	取金属闪光磁漆 50%、透明漆 50% 相混合。第三次喷涂是修正第二次喷涂形成的喷涂斑纹和金属斑纹，目的是形成金属感，也有防止喷涂透明层时引起金属斑纹的作用

表 6-11　金属闪光色的喷涂（2）

内容	第四次喷涂	第五次喷涂
目的	透明涂料的预喷涂	精加工喷涂（透明涂料）
涂料黏度 /s	12～20（20℃）	16～20（20℃）
空气压力 /kPa	294～343	294～343
喷束直径	全开	全开
喷吐流量	2/3 开度	全开或 3/4 开度
喷枪距离 /cm	20～25	20～25
喷枪运行速度	稍快	普通或稍慢
要求	第四次透明层喷涂不能太厚，一次喷涂太厚会引起金属颗粒排列被打乱，所以要喷薄些	以第五次透明层的喷涂结束涂膜工作，要边观察涂膜平整度边仔细喷涂。如果采用快速移动喷枪往返两次覆盖，能得到很理想的表面色泽。尤其是在车顶、行李箱盖、发动机罩等部位，覆盖两次较好

（4）中间间隔时间。在过渡层喷涂结束之后，要设置 10～15min 的中间间隔时间，使涂膜中的溶剂挥发掉。用指尖轻轻触摸涂面，沾不上颜色，即可进行透明层喷涂。设置中间

间隔时间时，应使金属闪光磁漆涂料的溶剂尽可能挥发完全。

4）局部修补涂装喷涂

（1）单色调的局部修补涂装：有人认为丙烯酸聚氨酯涂料的局部修补涂装技术很难掌握，但实际上只要掌握了作业方法和要点，也就不难，而且作业速度快、效率高。单色调的局部涂装可参照图 6-29。

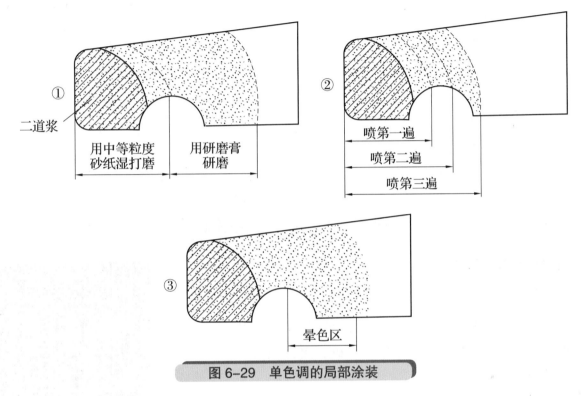

图 6-29 单色调的局部涂装

（2）金属闪光色的局部涂装：喷涂方法参照图 6-30。

①二道涂层的附近用 400～600 号砂纸进行湿打磨。晕色部位用研磨膏打磨，然后用脱脂剂清洁，再用带黏性的布擦拭，最后用压缩空气吹拂。

②先在二道浆层四周喷一层透明涂料，以使所喷的金属闪光磁漆更光滑，第二次喷涂确定涂层的颜色，一般喷 2～3 遍，如果着色不好，则需要喷 3～4 次。第二次不要喷得过厚，要均匀、薄薄地喷。

③将 50% 的金属闪光磁漆涂料与 50% 的透明涂料相混合，黏度调至 11～12s，喷涂时比图 6-30（b）所示喷得更宽些，喷涂时应使涂料呈雾状，薄薄地喷涂，以消除斑纹，调整金属感，同时兼有晕色处理作用。

④透明涂料喷涂面积可扩大一些。第一次薄薄地喷一层，间隔大约 5min 再喷第二次。喷涂时要边观察色调边喷，以形成光泽。

⑤晕色处理是以 20% 的透明涂料、80% 的稀释剂相混合喷在透明层区域周围，以掩盖其由于喷涂雾滴带来的影响。注意喷得要薄。

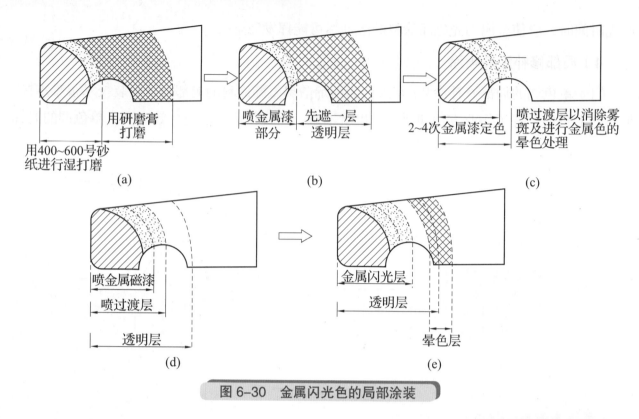

图 6-30　金属闪光色的局部涂装

5）面漆层的干燥

在喷烤漆房进行面漆的干燥，如图 6-31 所示。强制干燥结束后，要趁汽车车身还未冷却就揭去黏贴覆盖物的胶带纸，这样比较省力，因为冷却后胶带纸会变硬，难以揭掉。

图 6-31　面漆的干燥

任务实施

实施步骤如下：

步骤	图示说明
调整出漆量。逆时针将漆量调整旋钮旋出 2.5 圈，将出漆量调至最大	
调整喷幅。把喷幅调整到最大	

续表

步骤	图示说明
调整气压。把气压调整到 200kPa	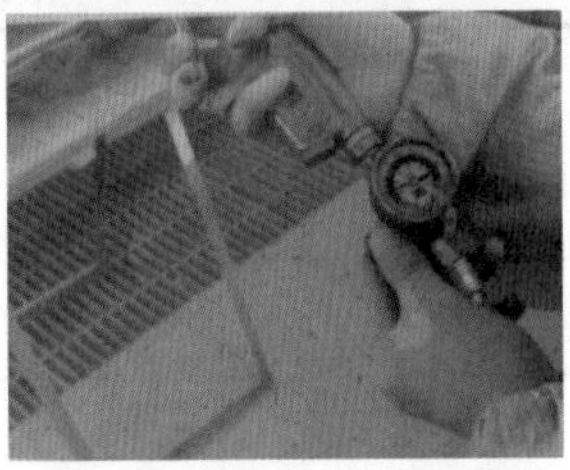
进行试枪。查看喷枪是否调整至雾化最佳状态,并观察清漆调配的黏度	
喷涂清漆。先喷边,后喷面	
喷涂第一道清漆。不需要喷得太湿,否则可能导致色漆发花、起云	
喷涂第二道清漆。第一道漆闪干 5~10min 后喷第二道,第二道湿喷	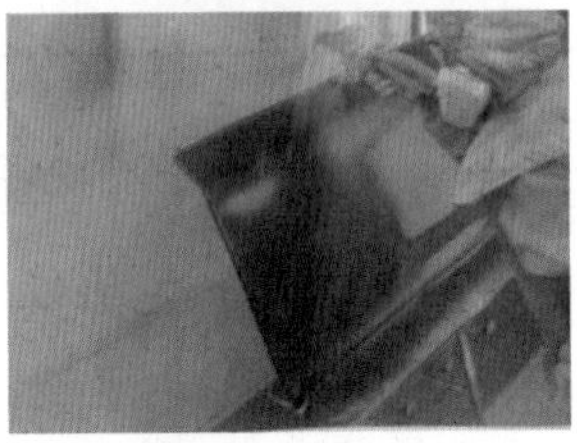
喷涂完毕整理气管	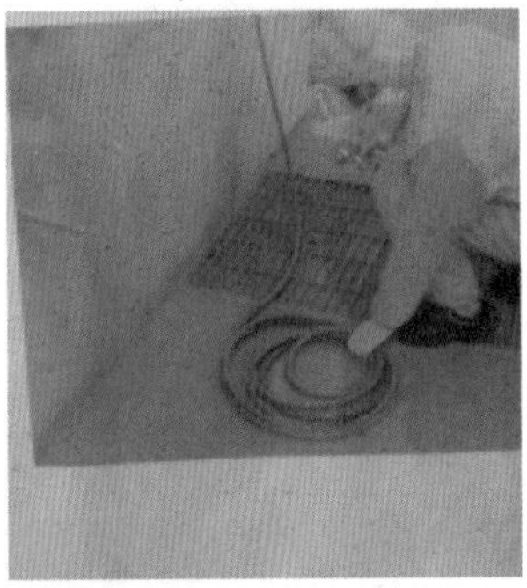

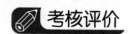

考核评价

考核评价表

实训名称		姓名			
		班级			
学时数		学习时间			
考查项目	考查内容	配分	得分		
			自评	互评	师评
准备工作	资料准备	7			
	计划制订	7			
	材料准备	7			
工作过程	工具使用	10			
	作业程序	12			
	作业质量	15			
工作态度	积极主动	7			
	团结协作	7			
	服从分配	7			
文明安全	遵守纪律	7			
	安全规范	7			
	卫生习惯	7			
合计					

金属漆喷涂工艺

参考文献

[1] 邱霖，张高智. 汽车钣金[M]. 北京：科学技术文献出版社，2015.
[2] 龙四清，袁牧. 汽车涂装与车身修复技术[M]. 北京：科学技术文献出版社，2015.
[3] 龙志军. 汽车钣金基础[M]. 上海：上海交通大学出版社，2014.
[4] 周贺，张传慧. 汽车钣金与喷漆[M]. 北京：北京理工大学出版社，2010.
[5] 朝明祖. 汽车涂装技术[M]. 天津：天津科学技术出版社，2014.
[6] 张小鹏，梁思龙. 汽车车身涂装修复工职业技能鉴定教材[M]. 北京：人民交通出版社，2019.
[7] 华德余. 车身结构件修复[M]. 北京：高等教育出版社，2018.
[8] 于开成，张小鹏. 车身涂装[M]. 北京：人民交通出版社，2018.
[9] 华德余. 汽车涂漆维修[M]. 北京：中国铁道出版社，2021.
[10] 李贤林. 汽车钣金工艺[M]. 北京：高等教育出版社，2020.